50 CRISTIANOS

que cambiaron el

MUNDO

HOLMAN®

50 cristianos que cambiaron el mundo
© 2021 por B&H Español

B&H Publishing Group
Nashville, Tennessee
Todos los derechos reservados.
Derechos internacionales registrados.

ISBN 978-1-0877-3089-9

Dewey Decimal Classification: 270.09
Subject Heading: Christian Biography

Contribuyentes: Mark Galli, Ted Olsen, Giancarlo Montemayor,
Joel Rosario, Iván Mesa

Impreso en los EE.UU.

1 2 3 4 5 6 • 24 23 22 21

Índice

Introducción 9

Línea del tiempo 11

Teólogos

Atanasio
Cinco veces exiliado por luchar contra la «ortodoxia» 17

Agustín de Hipona
Arquitecto de la Edad Media. .21

Anselmo
Obispo reacio con una mente extraordinaria 27

Tomás de Aquino
El brillante «buey mudo» 31

Martín Lutero
Apasionado reformador 35

Juan Calvino
Padre de la fe reformada. 41

Jonathan Edwards
El más grande teólogo americano 47

Casidoro de Reina
El traductor. 51

Constantino Ponce de la Fuente
Acusado de hereje y encerrado en las cárceles del Santo Oficio
del Castillo de Triana. 55

Cipriano de Valera
El reformador y editor 57

Evangelistas y apologistas

Justino Mártir
Defensor de la «verdadera filosofía» 63

Clemente de Alejandría
Teólogo para los intelectuales. 67

Blaise Pascal
Prodigio científico y espiritual .71

George Whitefield
Sensacional evangelista de Gran Bretaña y América 75

Dwight L. Moody
Evangelista con empatía. 81

Billy Graham
Evangelista a millones 87

Pastores y predicadores

Ambrosio de Milán
El obispo más talentoso de la iglesia primitiva 93

Juan Crisóstomo
El mejor predicador de la iglesia primitiva. 97

John Newton
Traficante de esclavos reformado 103

Charles Spurgeon
El mejor predicador del siglo XIX. 107

Músicos, artistas y escritores

Johann Sebastian Bach
«El quinto evangelista» *111*

John Bunyan
El peregrino que progresó en prisión *115*

G.K. Chesterton
El enorme ensayista, poeta y escritor. *119*

C.S. Lewis
Erudito, autor y apologista *123*

Poetas

Isaac Watts
Padre de los himnos ingleses *129*

Carlos Wesley
El mejor escritor de himnos de todos los tiempos. *133*

Fanny Crosby
Prolífica escritora de himnos ciega. *137*

Fundadores de denominaciones

John Knox
Presbiteriano con espada *141*

Juan Wesley
Pietista metódico. *147*

Influyentes y agitadores

Bernardo de Claraval
Reformador y místico medieval *153*

John Wycliffe
«Protestante» medieval *157*

Ulrich Zwingli
Reformador militante suizo *161*

Misioneros

Patricio
Santo patrono de Irlanda *165*

William Carey
Padre de las misiones protestantes modernas *171*

David Livingstone
Misionero y explorador de África *175*

Hudson Taylor
Misionero de fe en China *181*

Activistas

William Wilberforce
Político en contra de la esclavitud *187*

Harriet Tubman
La «Moisés» de su pueblo. *193*

Gobernantes

Constantino
Primer emperador cristiano *197*

Enrique VIII
Defensor de la fe. *203*

Eruditos y científicos

Orígenes
Erudito bíblico y filósofo *207*

Jerónimo
Traductor de la Biblia cuya traducción duró un milenio *211*

Nicolás Copérnico
Astrónomo revolucionario *217*

William Tyndale
Traductor del primer Nuevo Testamento en inglés *221*

Francis Bacon
Filósofo de la ciencia *225*

Galileo Galilei
Astrónomo incomprendido *229*

Mártires

Perpetua
Creyente de clase alta *233*

Jan Hus
Reformador antes de la Reforma *237*

Dietrich Bonhoeffer
Teólogo y resistente alemán *243*

Introducción

«AQUELLOS QUE IGNORAN LA HISTORIA ESTÁN
CONDENADOS A REPETIRLA»
- EDMUND BURKE

Se ha dicho que la historia es una biografía, aunque es difícil demostrarlo cuando ves los libros de historia en la liberaría. Es lamentable que, con demasiada frecuencia, las historias, citas y anécdotas son reemplazadas con análisis, estadísticas, grandes movimientos sociales y fechas sin contexto. ¡No es de extrañar que la gente encuentre aburrida la historia!

El propósito de este libro es presentar la historia de la iglesia desde un punto de vista personal, por lo que aquí presento 50 de esas personas interesantes e importantes.

¿Por qué 50 exactamente? Primero, admito que elegir a estos personajes de la historia ha sido, hasta cierto punto, arbitrario. Las limitaciones de espacio me han obligado a dejar de lado algunas figuras clave, y mi propios estudios doctorales me han obligado a incluir a algunas otras que son desconocidas para algunos, pero no menos interesantes.

En cuanto al adjetivo *cristianos*: algunas de las personas descritas aquí tenían, debido a sus tiempos y circunstancias, una comprensión limitada de la fe verdadera. Pero dado que vemos las mismas limitaciones en nosotros mismos, me pareció correcto dar el beneficio de la duda para determinar quién era «cristiano» en esta lista.

Esto no significa que haya elegido a los 50 cristianos que más admiro o con quienes más estoy en sintonía doctirnal. Este es un libro sobre 50 cristianos que todos deberían conocer por lo que estos han contribuido a la historia y por su interés intrínseco. He de mencionar que no son 50 cristianos a los que todos deberíamos emular, aunque ciertamente todos tienen algo que enseñarnos.

Este libro está diseñado principalmente para aquellos que desean tener una apreciación más profunda de su herencia cristiana y así disfrutar de ella. Así, este no es un mal lugar para comenzar la investigación, ya que me he esforzado por ser preciso en todo momento, separando el mito de la historia donde sea necesario, e incluyendo fechas y citas clave para corroborar su veracidad.

Mark Galli
Ted Olsen
Christian History

LÍNEA DEL TIEMPO
Eventos importantes en la historia de la Iglesia

LA ÉPOCA DE JESÚS Y LOS APÓSTOLES
30 Crucifixión de Jesús
35 Esteban es martirizado; Pablo se convierte
46 Pablo inicia sus viajes misioneros
48 Concilio de Jerusalén
57 Carta de Pablo a los Romanos
64 Incendio de Roma; Nerón inicia la persecución
65 Pedro y Pablo son ejecutados

LA ÉPOCA DEL CRISTIANISMO PRIMITIVO
70 Tito destruye Jerusalén
110 Ignacio de Antioquía es martirizado
150 Justino Mártir dedica su *Primera Apología*
155 Policarpo es martirizado
172 Inicia el Montanismo
180 Ireneo escribe *Contra las herejías*
196 Tertuliano comienza a escribir
215 Orígenes comienza a escribir
230 SLas primeras iglesias públicas son construidas
248 Cipriano es elegido obispo de Cartago
250 Decio ordena persecución a través de todo el imperio
270 Antonio adopta una vida de soledad
303 Inicia la «Gran Persecución» de Diocleciano

LA ÉPOCA DEL IMPERIO CRISTIANO
312 Conversión de Constantino
312 Inicia el cisma donatista
313 «Edicto de Milán»
323 Eusebio termina *Historia eclesiástica*
325 Primer Concilio de Nicea
341 Ulfilas, traductor de la Biblia gótica, se convierte en obispo
358 Basilio el Magno funda la comunidad monástica
367 La carta de Atanasio define el canon del Nuevo Testamento
381 El cristianismo es declarado la religión oficial del Imperio romano
381 Primer Concilio de Constantinopla
386 Agustín se convierte al cristianismo
390 Ambrosio desafía al emperador
398 Crisóstomo es nombrado obispo de Constantinopla
405 Jerónimo termina la *Vulgata*
410 Roma es saqueada por los visigodos
431 Concilio de Éfeso
432 Patricio comienza su misión en Irlanda

440 Leo el Grande es consagrado obispo de Roma

445 El edicto de Valentiniano fortalece la primacía de Roma

451 Concilio de Calcedonia

500 Pseudo Dionisio Areopagita escribe

524 Boecio completa *Consolación de la filosofía*

529 Justiniano publica su Código legal

540 Benedicto escribe su Regla monástica

563 Columba establece una comunidad misionera en Iona

LA EDAD MEDIA CRISTIANA

590 Gregorio Magno es elegido Papa

597 Conversión de Ethelbert de Kent

622 *Hégira* de Mahoma: nacimiento del Islam

663 Sínodo de Whitby

716 Bonifacio comienza la misión a los alemanes

726 La controversia iconoclasta comienza en la iglesia oriental

731 *Historia eclesiástica* de Beda es publicada

732 Batalla de Tours

754 La donación de Pipino III ayuda a fundar estados papales

781 Alcuin se convierte en consejero real de Carlos

787 Segundo Concilio de Nicea resuelve controversia iconoclasta

800 Carlomagno coronado emperador del Sacro Imperio Romano

843 El Tratado de Verdún divide el Imperio Carolingio

861 Comienza el conflicto este-oeste sobre Focio

862 Cirilo y Metodio comienzan la misión a los eslavos

909 Se funda el monasterio en Cluny

988 Cristianización de Rusia

1054 Cisma de Oriente y Occidente

1077 El emperador se somete al papa por la investidura

1093 Anselmo se convierte en arzobispo de Canterbury

1095 Primera Cruzada lanzada por el Consejo de Clermont

1115 Bernardo funda el monasterio en Claraval

1122 Concordato de Worms pone fin a la querella de las investiduras

1141 Hildegard de Bingen comienza a escribir

1150 Universidades de París y Oxford son fundadas

1173 Inicia el movimiento valdense

1208 Francisco de Asís renuncia a la riqueza

1215 Carta Magna

1215 Inocencio III convoca al Cuarto Concilio de Letrán

1220 Orden Dominicana es establecida

1232 Gregorio IX nombra a los primeros «inquisidores»

1272 *Summa Theologica* de Tomás de Aquino

1302 *Unam Sanctam* proclama la

supremacía papal

1309 Comienza el exilio «babilónico» del papado en Aviñón

1321 Dante completa la *Divina comedia*

1370 Catalina de Siena comienza sus Cartas

1373 Julián de Norwich recibe sus revelaciones

1378 Comienza el gran cisma papal

1380 Wycliffe supervisa la traducción de la Biblia al inglés

1414 Comienza el Concilio de Constanza

1415 Jan Hus quemado en la hoguera

1418 Thomas de Kempis escribe *La imitación de Cristo*

1431 Juana de Arco quemada en la hoguera

1453 Caída de Constantinopla; fin del Imperio romano de Oriente

1456 Gutenberg produce la primera Biblia impresa

1479 Establecimiento de la Inquisición española

1488 Primer Antiguo Testamento completo

1497 Savonarola es excomulgado

1506 Comienzan los trabajos en la nueva Catedral de San Pedro en Roma

1512 Miguel Ángel completa los frescos de la Capilla Sixtina

1516 Erasmo publica el Nuevo Testamento en griego

LA ÉPOCA DE LA REFORMA

1517 Martín Lutero publica sus 95 tesis

1518 Ulrich Zwingli llega a Zúrich

1521 Dieta de Worms

1524 Estalla la revuelta de los campesinos

1525 Publicación del Nuevo Testamento de William Tyndale

1525 Comienza el movimiento anabautista

1527 Confesión de fe de Schleitheim

1529 Coloquio de Marburg

1530 Confesión de Augsburgo

1534 Edicto de supremacía; Enrique VIII dirige la iglesia inglesa

1536 Juan Calvino publica la primera edición de *Institución*

1536 Menno Simons bautizado como anabautista

1540 Ignacio Loyola obtiene la aprobación de la Compañía de Jesús

1545 Comienza el Concilio de Trento

1549 El *Libro de Oración Común* es publicado

1549 Xavier comienza misión en Japón

1555 Paz de Augsburgo

1555 Latimer y Ridley quemados en la hoguera

1559 John Knox hace su regreso final a Escocia

1563 Se emite el primer texto de *39 artículos*

1563 Se publica el *Libro de los Mártires* de John Foxe

1565 Teresa de Ávila escribe *El camino de la perfección*

1572 Masacre del día de San Bartolomé

1577 Fórmula de Concordia

1582 Mateo Ricci y su colega inician su misión a China

1589 Moscú se convierte en patriarcado independiente

1598 Edicto de Nantes (revocado 1685)

1609 John Smyth se bautiza a sí mismo y a los primeros bautistas

1611 Se publica la versión King James de la Biblia

1618 Comienza el Sínodo de Dort

1618 Comienza la guerra de los Treinta Años

1620 Se redacta el Pacto del Mayflower

1633 Galileo se ve obligado a retractarse de sus teorías

1636 Fundación del Harvard College

1636 Roger Williams funda Providence, R.I.

1647 George Fox comienza a predicar

1646 La Confesión de Westminster es redactada

1648 La paz de Westfalia pone fin a la guerra de los treinta años

LA ÉPOCA DE LA RAZÓN Y EL AVIVAMIENTO

1649 Plataforma de Cambridge

1653 Cromwell es nombrado Lord Protector

1654 Conversión definitiva de Blaise Pascal

1667 *Paraíso perdido* de John Milton

1668 Rembrandt pinta *El retorno del hijo pródigo*

1675 La *Pia Desideria* de Spener hace progresar el pietismo

1678 John Bunyan escribe *El progreso del peregrino*

1682 William Penn funda Pennsylvania

1687 Newton publica *Principia Mathematica*

1689 Ley de Tolerancia en Inglaterra

1707 J.S. Bach publica su primer trabajo

1707 Isaac Watts publica *Himnos y cantos espirituales*

1729 Jonathan Edwards se convierte en pastor en Northampton

1732 Primeros misioneros moravos

1735 Conversión de George Whitefield

1738 Juan y Carlos Wesley se convierten al evangelicalismo

1740 Clímax del Gran Avivamiento

1742 Primera producción del *Mesías* de Handel

1759 *Candide* de Voltaire

1771 Francis Asbury es enviado a América

1773 Los Jesuitas son suprimidos (hasta 1814)

1779 John Newton y William Cowper publican *Himnos de Olney*

1780 Robert Raikes comienza su escuela dominical

1781 Kant publica *Crítica de la razón pura*

LA ÉPOCA DEL PROGRESO

1789 Comienza la Revolución francesa

1789 Carta de Derechos de EEUU

1793 William Carey navega hacia la India

1793 Festival de la razón (descristianización de Francia)

1799 Schleiermacher publica *Discursos sobre religión*

1801 Concordato entre Napoleón y Pío VII

1804 Se forma la Sociedad Bíblica Británica y Extranjera

1806 Samuel Mills lidera la Reunión de Oración bajo el Pajar

1807 William Wilberforce logra abolir la trata de esclavos

1810 Junta Americana de Comisionados para Misiones Extranjeras

1811 Alexander Campbell da inicio al Movimiento de Restauración

1816 Richard Allen elegido obispo de la nueva iglesia AME

1816 Adoniram Judson comienza viaje misionero

1817 Elizabeth Fry organiza apoyos para la prisión de Newgate

1819 Channing publica *Cristianismo unitario*

1827 J. N. Darby funda la Hermandad de Plymouth

1833 El sermón de John Keble da inicio al movimiento de Oxford

1834 George Mueller abre el Scriptural Knowledge Institute

1835 *Discursos sobre el avivamiento* de Charles Finney

1840 David Livingstone navega hacia África

1844 Se forman las primeras iglesias adventistas

1844 Soren Kierkegaard escribe *Fragmentos filosóficos*

1845 John Henry Newman se convierte en católico romano

1845 Phoebe Palmer escribe *El camino de la santidad*

1848 Marx publica el *Manifiesto comunista*

1851 Harriet Beecher Stowe publica *La cabaña del tío Tom*

1854 La inmaculada concepción es hecha dogma

1854 Charles Spurgeon se convierte en pastor de la New Park St. Church

1855 D. L. Moody se convierte

1857 Reunión de oración por avivamiento comienza en Nueva York

1859 Darwin publica *El origen de las especies*

1859 Japón reabre a misioneros extranjeros

1860 Comienza la Guerra Civil de Estados Unidos

1864 *Syllabus errorum* emitido por el Papa Pío IX

1865 J. Hudson Taylor funda la Misión al Interior de China

1870 Primer Concilio Vaticano declara la infalibilidad papal

1878 William y Catherine Booth fundan el Ejército de Salvación

1879 Frances Willard se convierte en presidente de WCTU

1880 Abraham Kuyper comienza la Universidad Libre

1885 El Congreso de Berlín impulsa las iglesias africanas independientes

1885 Hipótesis documentaria de Wellhausen

1886 Comienza el movimiento de Estudiantes Voluntarios

1895 Freud publica su primera obra sobre psicoanálisis

1886 Billy Sunday comienza a liderar avivamientos

1901 Se habla en lenguas en la escuela bíblica de Parham

1906 Avivamiento de la calle Azusa

1906 *La búsqueda del Jesús histórico* de Schweitzer

1908 Se forma el Concilio Federal de Iglesias

1910 Comienza la Conferencia Misionera Internacional de Edimburgo

1910 *The Fundamentals* comienza a publicarse

1912 El Credo Social de las Iglesias es adoptado

LA ÉPOCA DE LAS IDEOLOGÍAS

1914 Comienza la Primera Guerra Mundial

1919 Karl Barth escribe *Comentario sobre Romanos*

1924 Primera radiodilfusión cristiana

1931 C. S. Lewis llega a la fe en Cristo

1934 Declaración de Barmen

1934 Traductores de la Biblia Wycliffe es fundada

1938 Kristallnacht acelera el Holocausto

1939 Comienza la Segunda Guerra Mundial

1940 Primeras transmisiones de TV cristianas

1941 Bultmann llama a la desmitologización

1941 *La naturaleza y el destino del hombre* de Niebuhr

1942 La Asociación Nacional de Evangélicos es formada

1945 Bomba atómica es lanzada sobre Hiroshima

1947 Los Rollos del Mar Muerto son descubiertos

1948 El Consejo Mundial de Iglesias es organizado

1949 La Cruzada de Los Ángeles catapulta a Billy Graham

1950 Misioneros obligados a abandonar China

1950 La asunción de María es hecha dogma

1950 Madre Teresa funda Misioneras de la Caridad

1951 *Cartas y documentos desde la prisión* de Dietrich Bonhoeffer

1960 Bennett renuncia; renovación carismática progresa

1962 Inicia el Vaticano II

1963 Martin Luther King, Jr., lidera la marcha en Washington

1966 Revolución cultural china

1968 Conferencia de Medellín hace progresar la teología de la liberación

1974 Congreso de Lausana sobre Evangelización Mundial

1979 Primera visita de Juan Pablo II a Polonia

1989 Caída del muro de Berlín

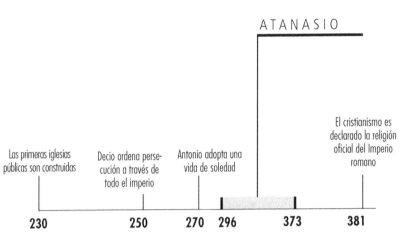

ATANASIO

| Las primeras iglesias públicas son construidas | Decio ordena persecución a través de todo el imperio | Antonio adopta una vida de soledad | | El cristianismo es declarado la religión oficial del Imperio romano |

230   250   270   296   373   381

TEÓLOGOS

Atanasio

CINCO VECES EXILIADO POR LUCHAR CONTRA
LA «ORTODOXIA»

«Aquellos que sostienen que "hubo un tiempo en que el Hijo no existió", roban a Dios de Su Palabra, como saqueadores».

«Enano negro», lo llamaban sus enemigos. Y el obispo egipcio, bajo y de piel oscura, tenía muchos enemigos. Fue exiliado en cinco ocasiones por cuatro emperadores romanos, y pasó 17 de los 45 años que sirvió como obispo de Alejandría en el exilio. Sin embargo, al final, sus enemigos teológicos fueron «exiliados» de las enseñanzas de la Iglesia, y fueron los escritos de Atanasio los que dieron forma al futuro de la misma.

17

Desafiando la «ortodoxia»

Muy a menudo, el problema era su obstinada insistencia en que el arrianismo, la «ortodoxia» reinante de la época, era en realidad una herejía.

La disputa comenzó cuando Atanasio era el diácono asistente principal del obispo Alejandro de Alejandría. Mientras Alejandro predicaba «con una minuciosidad quizás demasiado filosófica» sobre la Trinidad, Arrio, un presbítero (sacerdote) de Libia, anunció: «Si el Padre engendró al Hijo, entonces el engendrado tuvo un comienzo en existencia, y de esto se deduce que hubo un momento en que el Hijo no existió». La discusión creció, pero Alejandro y Atanasio lucharon contra Arrio, argumentando que negaba la Trinidad. Ellos afirmaban que Cristo no es de una sustancia similar a Dios, sino la misma sustancia.

Para Atanasio, esto no era una división de cuestiones teológicas insignificantes. La salvación estaba en juego: solo uno que era completamente humano podía expiar el pecado humano; solo uno que fuera completamente divino podría tener el poder de salvarnos. Para Atanasio, la lógica de la doctrina de salvación del Nuevo Testamento asumía la naturaleza dual de Cristo. «Los que sostienen que "hubo un tiempo en que el Hijo no existió", roban a Dios de Su Palabra, como saqueadores».

La carta encíclica de Alejandro, firmada por Atanasio (y posiblemente escrita por él), atacaba las consecuencias de la herejía de los arrianos: «El Hijo [entonces] es una criatura y una obra; tampoco es en esencia como el Padre; tampoco es la Palabra verdadera y natural del Padre; tampoco es Su verdadera sabiduría; sino que Él es una de las cosas hechas y creadas y se le llama la Palabra y la Sabiduría por un abuso de términos [...]. Por lo tanto, por naturaleza está sujeto a cambios y variaciones, como lo están todas las criaturas racionales».

La controversia se extendió, y por todo el imperio se podía escuchar a los cristianos cantando una melodía contagiosa que defendía la visión arriana: «Hubo un tiempo en que el Hijo no existió». En cada ciudad, escribió un historiador, «un obispo luchaba contra otro, y las personas luchaban unas contra otras, como enjambres de mosquitos luchando en el aire».

La noticia de la disputa llegó al recién convertido emperador Constantino el Grande, que estaba más preocupado por ver la unidad de la Iglesia que por la verdad teológica. «La división en la Iglesia», dijo a los obispos, «es peor que la guerra». Para resolver el asunto, llamó a un consejo de obispos.

De los 1800 obispos invitados a Nicea, unos 300 acudieron, y discutieron, pelearon y finalmente desarrollaron una versión temprana del Credo de Nicea. El concilio, dirigido por Alejandro, condenó a Arrio como un hereje, lo exilió y convirtió en un delito capital poseer sus escritos. Constantino estaba complacido de que la paz hubiera sido restaurada en la Iglesia. Atanasio, cuyo tratado sobre la Encarnación sentó las bases para el partido ortodoxo en Nicea, fue aclamado como «el noble campeón de Cristo». El diminuto obispo simplemente se alegró de que el arrianismo hubiera sido derrotado.

Pero no fue así.

Obispo en el exilio

En unos pocos meses, los partidarios de Arrio convencieron a Constantino de que pusiera fin al exilio de Arrio. Con algunas adiciones privadas, Arrio incluso firmó el Credo de Nicea, y el emperador le ordenó a Atanasio, quien había sucedido recientemente a Alejandro como obispo, que restableciera la comunión del hereje.

Cuando Atanasio se negó, sus enemigos difundieron falsas acusaciones contra él. Fue acusado de asesinato, impuestos ilegales, hechicería y traición, lo que llevó a Constantino a exiliarlo a Trier, ahora una ciudad alemana cerca de Luxemburgo.

Constantino murió dos años después, y Atanasio regresó a Alejandría. Pero en su ausencia, el arrianismo había ganado la delantera. Ahora los líderes de la Iglesia estaban en contra de él, y lo desterraron nuevamente. Atanasio acudió al papa Julio I en Roma. Regresó en 346, pero en la política mercurial de la época, fue desterrado tres veces más antes de llegar a casa en el 366. Para entonces tenía unos 70 años.

Mientras estuvo en el exilio, Atanasio pasó la mayor parte de su tiempo escribiendo, principalmente para defender la ortodoxia, pero también se enfrentó a la oposición pagana y judía. Una de sus contribuciones más duraderas es su *Vida de San Antonio*, que ayudó a dar forma al ideal cristiano del monacato. El libro está lleno de historias fantásticas de los encuentros de Antonio con el diablo, pero Atanasio escribió: «No seas incrédulo con lo que escuchas sobre él […]. Considera, más bien, que de ellos solo hemos conocido algunas de sus hazañas». De hecho, el obispo conocía personalmente al monje, y la biografía de este santo es una de las más confiables desde el punto de vista histórico. Se convirtió en uno de los primeros «libros más vendidos» e impresionó profundamente a muchas personas, incluso llevando a paganos a la conversión: Agustín es el ejemplo más famoso de ellos.

Durante el primer año después de su regreso a Alejandría, Atanasio envió su carta anual a las iglesias de su diócesis, llamada carta festiva. Dichas cartas se utilizaron para fijar las fechas de festivales como la Cuaresma y la Pascua, y para discutir asuntos de interés general. En esta carta, Atanasio enumeró lo que creía que eran los libros que deberían constituir el Nuevo Testamento.

«Solo en estos [27 escritos] se proclama la enseñanza de la piedad», escribió. «Nadie puede agregarles nada y no se les puede quitar nada».

Aunque otras listas de este tipo habían sido propuestas, y aún se propondrían, es la lista de Atanasio la que la Iglesia finalmente adoptó, y es la que usamos hasta el día de hoy.

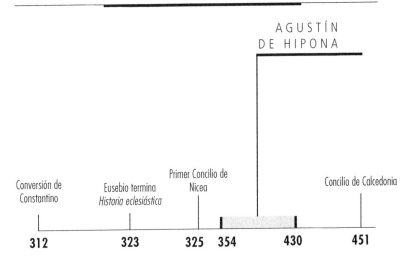

AGUSTÍN
DE HIPONA

| Conversión de Constantino | Eusebio termina *Historia eclesiástica* | Primer Concilio de Nicea | | | Concilio de Calcedonia |

312   **323**   **325**   **354**   **430**   **451**

TEÓLOGOS

AGUSTÍN DE HIPONA

ARQUITECTO DE LA EDAD MEDIA

«La humanidad se divide en dos clases: quienes viven según el hombre y quienes viven según Dios. A estas dos clases las llamamos las dos ciudades [...]. La Ciudad Celestial eclipsa a Roma. Ahí, en lugar de la victoria, está la verdad».

Los bárbaros se lanzaron contra el imperio, amenazando la forma de vida romana como nunca lo habían hecho. La Iglesia cristiana también se enfrentó al ataque de herejes internos. La posible destrucción de la cultura, la civilización y la Iglesia fue más que una pesadilla ocasional: se percibió como una amenaza inmediata. Y Agustín respondió con tanta sabiduría que sus respuestas todavía son consideradas por algunos como los escritos más importantes de la Iglesia después de la Biblia.

Sexo y diversión

Desde su nacimiento en una pequeña ciudad del norte de África, Agustín conocía las diferencias religiosas que abrumaban al Imperio romano: su padre era un pagano que honraba a los antiguos dioses púnicos; su madre era una cristiana celosa. Pero el adolescente Agustín estaba menos interesado en la religión y el aprendizaje que en el sexo y la diversión (unirse a sus amigos para robar peras de la viña de un vecino, «no para comerlas nosotros mismos sino simplemente para arrojarlas a los cerdos»).

A los 17 años, Agustín partió a la escuela en Cartago: el chico campirano en la joya del norte de África. Allí, el estudiante de bajo rendimiento se embelesó con sus estudios y comenzó a hacerse un nombre. Se sumergió en los escritos de los filósofos Cicerón y Maniqueo y desechó los vestigios de la religión de su madre.

Cuando terminó sus estudios, Agustín regresó a su ciudad natal de Tagaste para enseñar retórica y algo de maniqueísmo. (La filosofía, basada en las enseñanzas de un persa llamado Mani, era una corrupción dualista del cristianismo. Enseñaba que el mundo de la luz y el mundo de la oscuridad constantemente luchaban entre sí, atrapando a la mayoría de la humanidad en la lucha). Agustín intentó ocultar sus puntos de vista de su madre, Mónica, pero cuando ella se enteró, lo echó de la casa.

Sin embargo Mónica, que había soñado que su hijo se convertiría en cristiano, continuó orando y rogando por su conversión y lo siguió a Cartago cuando se mudó allí para enseñar. Cuando se le ofreció a Agustín ser profesor en Roma, Mónica le rogó que no fuera. Agustín le dijo que se fuera a casa y durmiera cómodamente sabiendo que se quedaría en Cartago. Cuando ella se fue, él abordó un barco hacia Roma.

La oscuridad derrotada

Después de un año en Roma, Agustín se mudó nuevamente para convertirse en profesor de retórica en la ciudad de Milán. Allí comenzó a asistir a la catedral para escuchar el impresionante oratorio de Ambrosio, el obispo. Continuó asistiendo a escuchar la predicación de Ambrosio y pronto abandonó su maniqueísmo en favor del neoplatonismo, la filosofía de los paganos romanos y los cristianos milaneses.

Su madre finalmente lo alcanzó y se dispuso a encontrarle una esposa adecuada. Agustín tenía una concubina que amaba profundamente y le había dado un hijo, pero él no se casaba con ella porque hacerlo lo habría arruinado social y políticamente.

Además de la tensión emocional por abandonar a su amante y por el cambio de filosofías, Agustín estaba luchando consigo mismo. Durante años había tratado de superar sus pasiones carnales y nada parecía ayudarlo. Le parecía que incluso sus transgresiones más pequeñas estaban llenas de significado. Más tarde, al escribir sobre el robo de peras de su juventud, reflexionó: «Nuestro verdadero placer fue hacer algo que estaba prohibido. El mal en mí era asqueroso, pero me encantó».

Una tarde, luchó ansiosamente con estos asuntos mientras caminaba en su jardín. De repente escuchó la voz de una canción infantil que repetía: «Toma y lee». Sobre una mesa había una colección de las epístolas de Pablo que había estado leyendo; recogió y leyó lo primero que vio: «no en glotonerías y borracheras, no en lujurias y lascivias, no en contiendas y envidia, sino vestíos del Señor Jesucristo, y no proveáis para los deseos de la carne» (Rom. 13:13-14).

Más tarde escribió: «No leería más; tampoco lo necesitaba, porque al final de esta oración, al instante, por una luz como si fuera de serenidad infundida en mi corazón, toda la oscuridad de la duda se desvaneció».

De monje a obispo

La conversión de Agustín impactó toda su vida. Renunció a su cátedra, envió una nota a Ambrosio sobre su conversión y se retiró con sus amigos y su madre a una villa rural en Casiciaco. Allí continuó discutiendo filosofía y produciendo libros con tintes neoplatónicos. Después de medio año, regresó a Milán para ser bautizado por Ambrosio, luego regresó a Tagaste para vivir como escritor y pensador.

Cuando llegó a su ciudad natal (un viaje prolongado por la agitación política), había perdido a su madre, a su hijo y a uno de sus amigos más cercanos. Estas pérdidas impulsaron a Agustín a un compromiso más profundo y vigoroso: él y sus amigos establecieron una comunidad ascética laica en Tagaste para pasar tiempo en oración y en el estudio de la Escritura.

En el 391, Agustín viajó a Hipona para establecer un monasterio en la zona. Su reputación le precedió. La historia cuenta que, al ver al famoso laico en la iglesia un domingo, el obispo Valerio dejó a un lado su sermón preparado y predicó sobre la urgente necesidad de sacerdotes en Hipona. La multitud miró a Agustín y luego lo empujó hacia adelante para la ordenación. Contra su voluntad, Agustín fue hecho sacerdote. Los laicos, pensando que sus lágrimas de frustración se debían a su deseo de ser obispo en lugar de sacerdote, trataron de asegurarle que las cosas buenas llegan a quienes esperan.

Valerio, que no hablaba púnico (el idioma local), rápidamente entregó deberes de enseñanza y predicación a su nuevo sacerdote, que sí hablaba el idioma local. En cinco años, después de la muerte de Valerio, Agustín se convirtió en obispo de Hipona.

Campeón ortodoxo por un milenio

Proteger a la Iglesia de los desafíos internos y externos encabezó la agenda del nuevo obispo. La Iglesia en el norte de África estaba en crisis. Aunque el maniqueísmo decaía, todavía tenía un número considerable de seguidores. Agustín, que conocía sus fortalezas y debilidades, le dio un golpe mortal. En los baños públicos, Agustín debatió con Fortunato, un ex compañero de escuela de Cartago y uno de los principales maniqueos. El obispo venció rápidamente al hereje y Fortunato dejó la ciudad avergonzado.

Menos fácil de manejar era el donatismo, una iglesia cismática y separatista del norte de África. Creían que la iglesia católica estaba comprometida y que los líderes católicos habían traicionado a la Iglesia durante las persecuciones anteriores. Agustín argumentó que el catolicismo era la continuación válida de la iglesia apostólica. Escribió mordazmente: «Las nubes retumban con truenos, que la casa del Señor será edificada por toda la tierra; y estas ranas se sientan en sus pantanos y graznan: "¡Somos los únicos cristianos!"».

En el 411, la controversia llegó a un punto crítico cuando el comisionado imperial convocó un debate en Cartago para decidir la disputa de una vez por todas. La retórica de Agustín destruyó la posición donatista, y el comisionado se pronunció en contra del grupo, comenzando una campaña contra ellos.

Sin embargo, no fue un tiempo de regocijo para la Iglesia. El año anterior a la conferencia de Cartago, el general bárbaro Alaric y sus tropas saquearon Roma. Muchos romanos de clase alta huyeron por sus vidas al norte de África, uno de los pocos refugios seguros que quedaban en el imperio. Y ahora Agustín se quedó con un nuevo desafío: defender el cristianismo contra las afirmaciones de que la caída del imperio había sido causada por apartar los ojos de los dioses romanos.

La respuesta de Agustín a la crítica generalizada llegó en 22 volúmenes durante 12 años, en *La ciudad de Dios*. Argumentó que Roma fue castigada por los pecados pasados, no por la nueva fe. Su obsesión de por vida con el pecado original se concretó, y su trabajo formó la base de la mente medieval. «La humanidad se divide en dos clases», escribió. «Aquellos que viven según el hombre y aquellos que viven según Dios. A estas dos clases las llamamos las dos ciudades [...]. La Ciudad Celestial eclipsa a Roma. Ahí, en lugar de la victoria, está la verdad».

Otro frente que Agustín tuvo que enfrentar para defender el cristianismo fue el pelagianismo. Pelagio, un monje británico, ganó popularidad justo cuando terminó la controversia donatista. Pelagio rechazó la idea del pecado original e insistió en que la tendencia al pecado es la libre elección de la humanidad. Siguiendo este razonamiento, no hay necesidad de la gracia divina; los individuos simplemente deben decidirse a hacer la voluntad de Dios. La Iglesia excomulgó a Pelagio en el 417, pero su estandarte fue llevado por el joven Juliano de Eclana. Juliano criticó a Agustín y su teología. Con el esnobismo romano, argumentó que Agustín y sus otros amigos africanos de clase baja se habían apoderado del cristianismo romano. Agustín discutió con el exobispo durante los últimos diez años de su vida.

En el verano del año 429, los vándalos invadieron el norte de África y casi no encontraron resistencia en el camino. Hipona, una de las pocas ciudades fortificadas, estaba abrumada por los refugiados. En el tercer mes del asedio, Agustín, de 76 años, murió, no por una flecha sino por fiebre. Milagrosamente, sus escritos sobrevivieron a la conquista de los vándalos, y su teología se convirtió en uno de los pilares principales sobre los cuales se construyó la Iglesia de los próximos 1000 años.

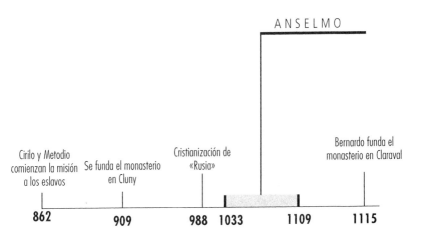

ANSELMO

Cirilo y Metodio comienzan la misión a los eslavos	Se funda el monasterio en Cluny	Cristianización de «Rusia»		Bernardo funda el monasterio en Claraval

862   **909**   **988 1033**   **1109**   **1115**

ANSELMO

OBISPO REACIO CON UNA MENTE EXTRAORDINARIA

> «Nadie, sino uno que es Dios-hombre puede satisfacer lo que se requiere para que el hombre sea salvo».

En la Edad Media, era costumbre que los obispos electos hicieran una demostración de protesta para expresar su modestia. Cuando Anselmo, un monje italiano de Normandía, fue elegido para convertirse en arzobispo de Canterbury, también protestó. El báculo episcopal tuvo que sostenerse contra su puño cerrado. Pero su negativa fue sincera: para Anselmo, convertirse en arzobispo significaba menos tiempo para sus estudios. Sus instintos, de hecho, han demostrado ser correctos: hoy se recuerda a Anselmo no solo como un gran arzobispo, sino como uno de los pensadores más profundos de la Edad Media.

Un cargo superior

La lucha entre la vida académica y la del alto cargo comenzó en los primeros años de Anselmo. Su padre, Gundulf, quería verlo en la política y le prohibió entrar en la abadía local. Cuando el abad se negó a aceptar al joven de 15 años sin el consentimiento de su padre, Anselmo oró para enfermarse: razonó que podía ingresar si estaba en peligro de muerte. En realidad, sí enfermó gravemente, pero aún se le negó la admisión.

Después de vagar por Europa durante años, buscando expandir su mente, Anselmo se instaló en Bec, Normandía, para estudiar con Lanfranc, un reconocido erudito. Anselmo sintió que podía vivir la vida monástica en la oscuridad, ya que la fama de Lanfranc eclipsaría sus posibles logros.

No obstante, Anselmo brilló. Después de tres años, Lanfranc dejó la abadía para convertirse en arzobispo de Canterbury y Anselmo lo reemplazó. Pasó su tiempo leyendo y reflexionando sobre misterios teológicos. Bajo su liderazgo, el monasterio se hizo famoso por su excelencia académica. Cuando los deberes administrativos comenzaron a interferir con su llamado deseado, le rogó al obispo local que lo relevara de algunos de sus deberes. En cambio, el obispo le dijo a Anselmo que se preparara para un cargo superior.

Una prueba de Dios

En Bec, Anselmo hizo su primera gran contribución intelectual: intentó probar la existencia de Dios. Expuso su famoso argumento ontológico en su *Proslogion*. Dios es «aquel del que nada más grande [que Él] puede ser pensado», argumentó. Solo podemos pensar en esta entidad como algo que existe porque un dios que existe es mayor que uno que meramente es una idea. El argumento, aunque impugnado casi tan pronto como fue escrito, ha influido en los filósofos incluso hasta el siglo xx.

Anselmo también meditó profundamente en la relación entre fe y razón. Llegó a la conclusión de que la fe es la condición previa del conocimiento (*credo ut intelligam*, «creo para entender»). No despreciaba la razón; de hecho, la empleó en todos sus escritos. Simplemente creía que el conocimiento no puede conducir a la fe, y el conocimiento adquirido fuera de la fe no es confiable.

En contra del rey

En 1066, los normandos invadieron Inglaterra, y Guillermo el Conquistador le dio al monasterio de Bec varias extensiones de tierra inglesa. Después de la invasión, Anselmo fue convocado al otro lado del canal tres veces, donde impresionó al clero inglés. Cuando Lanfranc murió en 1089, presionaron a Guillermo II para que nombrara a Anselmo al arzobispado (formalmente prerrogativa del papa, pero en la práctica el arzobispo de Canterbury era designado por rey). Anselmo se mostró reacio, al igual que Guillermo II por razones políticas, y el cargo quedó vacante durante cuatro años. Entonces, un día, el rey cayó gravemente enfermo y, temiendo el infierno, nombró a Anselmo en contra de sus repetidas súplicas.

Anselmo inmediatamente ejerció presión sobre el rey: se negó a hacer cualquier cosa sacerdotal para Guillermo hasta que el rey le restaurara tierras en Canterbury, reconociera al arzobispo como supremo a asuntos espirituales y prometiera su lealtad al papa Urbano II (quien se vio envuelto en una lucha de poder con Inglaterra). El rey, también llamado Guillermo Rufus, estuvo de acuerdo, pero incumplió sus promesas cuando se recuperó de su enfermedad. De hecho, ni siquiera dejaría que Anselmo visitara Roma. Cuando Rufus le negó el permiso por tercera vez, Anselmo lo bendijo y dejó Inglaterra de todos modos.

Productivo en el exilio

Anselmo sin duda se sintió aliviado. Había odiado su puesto en Canterbury. Había evitado involucrarse en disputas y, a menudo, se enfermaba cuando se le exigía arbitrar desacuerdos. Por otro lado, si uno de sus monjes lo hacía a un lado para plantearle una pregunta teológica, inmediatamente era cautivado y, mientras explicaba su respuesta, su espíritu se elevaba. Entonces, mientras estaba en el exilio, nuevamente le rogó al Papa que lo relevara, pero el Papa respondió que necesitaba la mente teológica de Anselmo.

Mientras estuvo en el exilio, Anselmo escribió *¿Por qué Dios se hizo hombre?*, que se convirtió en el tratado más influyente sobre la expiación en la Edad Media. Abogó por la «teoría de la satisfacción». Los primeros teólogos, como Orígenes y Gregorio de Nisa, se aferraron a la «teoría del rescate»: Satanás tenía a la humanidad cautiva en pecado y muerte, hasta que Cristo pagó el rescate a través de Su muerte, y en la resurrección, rompió el poder de las cadenas de Satanás. Anselmo argumentó, en cambio, que no era Satanás a quien se le debía algo, sino a Dios. En Adán, todos los seres humanos habían pecado contra la santidad divina. Además, al ser tanto finitas como pecaminosas, las personas eran incapaces de hacer una restitución adecuada. Eso solo podría lograrlo Cristo: «Nadie, sino uno que es Dios-hombre puede satisfacer lo que se requiere para que el hombre sea salvo».

Con la ascensión de Enrique I en el año 1100, Anselmo fue invitado de regreso a Canterbury. Pero cuando el rey exigió que los obispos le rindieran homenaje, Anselmo se negó y se rehusó a consagrar a los obispos que lo habían hecho. La controversia se prolongó durante seis años, pero Anselmo finalmente ganó.

Durante sus últimos dos años, pudo estudiar en relativa paz. En su lecho de muerte, Domingo de Ramos de 1107, Anselmo les dijo a sus monjes que estaba listo para morir, pero antes de hacerlo, quería resolver la pregunta de Agustín sobre el origen del alma. «No conozco a nadie que pueda hacer el trabajo si no lo hago yo», les dijo. Pero el martes por la mañana de la Semana Santa, ya había muerto.

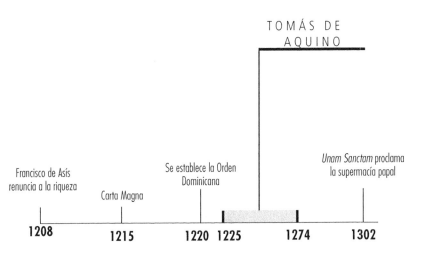

TOMÁS DE
AQUINO

Francisco de Asís
renuncia a la riqueza

Carta Magna

Se establece la Orden
Dominicana

Unam Sanctam proclama
la supremacía papal

1208   **1215**   **1220 1225**   **1274**   **1302**

TEÓLOGOS

TOMÁS DE AQUINO

EL BRILLANTE «BUEY MUDO»

> *«Para que los hombres pudieran tener conocimiento de Dios, libres de dudas e incertidumbres, era necesario que la verdad divina se les entregara por medio de la fe, siendo revelada por Dios mismo, quien no puede mentir».*

Nadie ha afirmado que Tomás de Aquino se hizo famoso por su aspecto. Era enormemente gordo, sufría de edema (hidropesía), y un ojo enorme le eclipsaba el otro. Tampoco era una figura particularmente dinámica ni carismática. Introspectivo y silencioso la mayor parte del tiempo, cuando hablaba, a menudo no tenía relación alguna con la conversación. Sus compañeros de clase en la universidad lo llamaban «el buey mudo». Hoy, reconocido como el mejor teólogo de la Edad Media, se le conoce como «el doctor de los ángeles».

Tentaciones de un futuro teólogo

Nació en un castillo italiano al «Conde Lundulf» de Aquino (aunque probablemente no era un conde) y a su esposa, Teodora. A los cinco años, el gordito fue enviado a la escuela en el cercano monasterio de Monte Cassino (una comunidad fundada por Benedicto siete siglos antes). A los catorce años, Tomás fue a la Universidad de Nápoles, donde su maestro dominicano lo impresionó tanto que Tomás decidió que él también se uniría al nuevo orden dominicano orientado al estudio.

Su familia se opuso ferozmente a la decisión (aparentemente queriendo que se convirtiera en un abad o arzobispo influyente y con seguridad económica en lugar de tomar el voto de pobreza de un fraile). Los hermanos de Tomás lo secuestraron y lo confinaron durante quince meses; su familia lo tentó con una prostituta y una oferta para comprarle el puesto de arzobispo de Nápoles.

Todos los intentos fracasaron y Tomás fue a París, el centro de estudio teológico de la Europa medieval. Mientras estuvo allí, cayó bajo el hechizo del famoso maestro Alberto el Grande.

Lucha con la razón

En la Europa medieval, todo el aprendizaje tenía lugar bajo los ojos de la Iglesia, y la teología reinaba en las ciencias. Sin embargo, filósofos no cristianos como Aristóteles el griego, Averroes el musulmán y Maimónides el judío eran estudiados junto con la Biblia. Los eruditos estaban fascinados especialmente con Aristóteles, cuyas obras habían permanecido desconocidas en Europa durante siglos. Parecía haber explicado todo el universo, no mediante el uso de la Escritura, sino por sus poderes de observación y razón.

Este énfasis en la razón amenazaba con socavar las creencias cristianas tradicionales. Los cristianos habían creído que el conocimiento solo podía venir a través de la revelación de Dios, que solo aquellos a quienes Dios escogió revelar sus verdades podían entender el universo. ¿Cómo podría cuadrar esto con el obvio conocimiento enseñado por estas filosofías recién descubiertas?

Tomás quería explorar este tema, y decidió extraer de los escritos de Aristóteles lo que era aceptable para el cristianismo.

Sus pensamientos lo consumieron. Según una historia, estaba cenando con Luis IX de Francia (más tarde «San» Luis), pero mientras otros conversaban, él miraba a la distancia perdido en sus pensamientos. De repente, dejó caer el puño sobre la mesa y exclamó: «¡Ah! ¡Hay una discusión que destruirá a los maniqueos!».

Al comienzo de su masiva *Summa Theologica* (o «Suma de conocimiento teológico»), Tomás declaró: «En la teología sagrada, todas las cosas son tratadas desde el punto de vista de Dios». Tomás procedió a distinguir entre filosofía y teología, y entre razón y revelación, aunque enfatizó que no se contradecían. Ambas son fuentes de conocimiento; ambas provienen de Dios.

La razón, dijo Tomás (siguiendo a Aristóteles), se basa en datos sensoriales: lo que podemos ver, sentir, oír, oler y tocar. La revelación se basa en más. Si bien la razón puede llevarnos a creer en Dios, algo que otros teólogos ya habían propuesto, solo la revelación puede mostrarnos a Dios como realmente es, el Dios trino de la Biblia.

Él escribió: «Para que los hombres pudieran tener conocimiento de Dios, libres de dudas e incertidumbres, era necesario que la verdad divina se les entregara por medio de la fe, siendo revelada por Dios mismo, quien no puede mentir».

En otras palabras, alguien que mira a la naturaleza podría decir que existe un creador inteligente. Pero esa persona no tendría idea de si el creador es bueno o si puede obrar en la historia. Además, aunque una persona apartada del cristianismo puede practicar ciertas «virtudes naturales», solo un creyente puede practicar la fe, la esperanza y el amor, las virtudes verdaderamente cristianas.

Volúmenes de paja

Los escritos de Tomás (incluido el *Summa Contra Gentiles*, un manual para misioneros a los musulmanes, que también contiene varios himnos) fueron atacados antes y después de su muerte. En 1277, el arzobispo de París intentó que Tomás fuera condenado formalmente, pero la Curia romana puso fin al movimiento. Aunque Tomás fue canonizado en 1325, pasaron otros 200 años antes de que su enseñanza fuera aclamada como preeminente y un baluarte principal contra el protestantismo. Cuatro años después del Concilio de Trento, en el cual sus escritos juegan un papel destacado, Tomás fue declarado doctor de la Iglesia.

En 1879, la bula papal *Aeterni Patris* respaldó el tomismo (teología de Aquino) como una expresión auténtica de doctrina y dijo que debería ser estudiado por todos los estudiantes de teología. Hoy, tanto los eruditos protestantes como los católicos recurren a sus escritos.

Tomás, sin embargo, no estaría necesariamente satisfecho. Hacia el final de su vida, tuvo una visión que lo obligó a dejar caer su pluma. Aunque había experimentado visiones durante años, esto era algo diferente. Su secretaria le rogó que volviera a escribir, pero Aquino respondió: «No puedo. Me han sido reveladas tales cosas que lo que he escrito parece paja».

Su Summa Theologica, uno de los escritos más influyentes de la iglesia cristiana, quedó sin terminar cuando murió tres meses después.

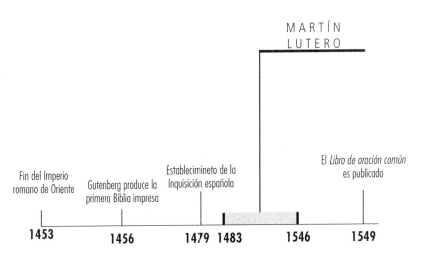

MARTÍN
LUTERO

El *Libro de oración común* es publicado

Fin del Imperio romano de Oriente

Gutenberg produce la primera Biblia impresa

Establecimineto de la Inquisición española

1453   1456   1479 1483   1546   1549

TEÓLOGOS
MARTÍN LUTERO
APASIONADO REFORMADOR

«Al fin, meditando día y noche, por la misericordia de Dios, comencé a comprender que la justicia de Dios es aquello a través de lo cual los justos viven por un don de Dios, es decir, por fe. Aquí sentí como si hubiera nacido completamente de nuevo y hubiera entrado en el paraíso mismo a través de las puertas que se habían abierto de golpe».

En el siglo XVI, el mundo estaba dividido con respecto a Martín Lutero. Un católico pensaba que Martín Lutero era un «demonio con apariencia de hombre». Otro que primero cuestionó la teología de Lutero declaró: «¡Él tiene razón!».

En nuestros días, casi 500 años después, el veredicto es bueno de manera casi unánime. Tanto los católicos como los protestantes afirman que no solo tenía razón sobre muchas cosas, sino que cambió el curso de la historia occidental para bien.

Conversión tormentosa

Martín nació en Eisleben (a unos 200 kilómetros al suroeste del moderno Berlín), siendo sus padres Margaret y Hans Luder (como se pronunciaba localmente). Se crio en Mansfeld, donde su padre trabajaba en las minas de cobre locales.

Hans envió a Martin a la escuela de latín y luego, cuando Martin tenía solo trece años, a la Universidad de Erfurt para estudiar derecho. Allí Martin obtuvo su bachillerato y maestría en el menor tiempo permitido por los estatutos universitarios. Él demostró ser tan experto en los debates públicos que se ganó el apodo de «el filósofo».

Luego, en 1505, su vida dio un giro dramático. Mientras Lutero, de 21 años, se abría camino a través de una tormenta eléctrica severa en el camino a Erfurt, un rayo cayó al suelo cerca de él.

«¡Ayúdame, Santa Ana!», gritó Lutero. «¡Me convertiré en monje!».

El escrupuloso Lutero cumplió su voto: regaló todas sus posesiones y entró en la vida monástica.

Progreso espiritual

Lutero fue extraordinariamente exitoso como monje. Se sumergió en la oración, el ayuno y las prácticas ascéticas: sin dormir, soportando frío escalofriante sin una manta y flagelándose a sí mismo. Como más tarde comentó: «Si alguien podría haberse ganado el cielo con una vida de monje, era yo».

Aunque buscó por estos medios amar a Dios por completo, no encontró consuelo. Estaba cada vez más aterrorizado por la ira de Dios: «Cuando es tocada por esta inundación pasajera de lo eterno, el alma siente y bebe nada más que el castigo eterno».

Durante sus primeros años, cada vez que Lutero leía lo que se convertiría en el famoso «texto de la Reforma», Romanos 1:17, sus ojos no se dirigían a la palabra fe, sino a la palabra justo. ¿Quién, después de todo, podría «vivir por fe» sino los que ya eran justos? El texto era claro al respecto: «los justos por la fe vivirán».

Lutero comentó: «Odiaba esa frase, "la justicia de Dios", por la cual me enseñaron de acuerdo con la costumbre y el uso de todos los maestros […] que Dios es justo y castiga al pecador injusto». El joven Lutero no podía vivir por fe porque no era justo, y lo sabía.

Mientras tanto, se le ordenó tomar su doctorado en Biblia y convertirse en profesor de la Universidad de Wittenberg. Durante sus clases sobre los Salmos (en 1513 y 1514) y un estudio del Libro de Romanos, comenzó a ver una manera de resolver su dilema. «Al fin, meditando día y noche, por la misericordia de Dios, comencé a comprender que la justicia de Dios es aquello a través de lo cual los justos viven por un don de Dios, es decir, por fe. Aquí sentí como si hubiera nacido completamente de nuevo y hubiera entrado en el paraíso mismo a través de las puertas que se habían abierto de golpe».

Después de este nuevo conocimiento llegaron otros. Para Lutero, la Iglesia ya no era la institución definida por la sucesión apostólica; en cambio, era la comunidad de aquellos a quienes se les había dado fe. La salvación no venía por los sacramentos, sino por la fe. La idea de que los seres humanos tenían una chispa de bondad (lo suficiente como para buscar a Dios) no tenía fundamento teológico, sino que solo los «necios» lo enseñaban. La humildad ya no era una virtud que ganaba gracia, sino una respuesta necesaria al don de la gracia. La fe ya no consistía en asentir a las enseñanzas de la Iglesia, sino en confiar en las promesas de Dios y los méritos de Cristo.

No pasó mucho tiempo antes de que la revolución en el corazón y la mente de Lutero se desarrollara en toda Europa.

«Aquí estoy»

Todo comenzó en la Víspera de Todos los Santos, 1517, cuando Lutero objetó públicamente la forma en que el predicador Johann Tetzel estaba vendiendo indulgencias. Estos eran documentos preparados por la iglesia y comprados por individuos, ya sea para sí mismos o en nombre de los muertos, que los liberarían del castigo debido a sus pecados. Como Tetzel predicó: «Tan pronto como la moneda suena en el cofre, ¡el alma salta del purgatorio!».

Lutero cuestionó el tráfico de indulgencias de la iglesia y pidió un debate público de 95 tesis que escribió. En cambio, sus 95 tesis se extendieron por Alemania como un llamado a la reforma, y la discusión rápidamente giró no alrededor de las indulgencias, sino de la autoridad de la Iglesia: ¿tenía el Papa derecho a emitir indulgencias?

Los eventos se aceleraron rápidamente. En un debate público en Leipzig en 1519, cuando Lutero declaró que «un simple laico armado con las Escrituras» era superior tanto al Papa como a los consejos sin ellas, fue amenazado con la excomunión.

Lutero respondió a la amenaza con sus tres tratados más importantes: *Discurso a la nobleza cristiana*, *El cautiverio babilónico de la Iglesia* y *La libertad del cristiano*. En el primero, argumentó que todos los cristianos eran sacerdotes, e instó a los gobernantes a asumir la causa de la reforma de la iglesia. En el segundo, redujo los siete sacramentos a dos (el bautismo y la Cena del Señor). En el tercero, les dijo a los cristianos que eran libres de la ley (especialmente las leyes de la iglesia) pero que estaban atados en amor a sus prójimos.

En 1521 fue convocado a una asamblea en Worms, Alemania, para comparecer ante Carlos V, Sacro Emperador Romano. Lutero llegó preparado para otro debate; rápidamente descubrió que era un juicio en el que se le pidió que se retractara de sus puntos de vista.

Lutero respondió: «A menos que pueda ser instruido y convencido con evidencia de las Sagradas Escrituras o con fundamentos de razonamiento abiertos, claros y distintos [...] entonces no puedo retractarme y no lo haré, porque no es seguro ni sabio actuar contra la conciencia». Luego agregó: «Aquí estoy. No puedo hacer otra cosa. Dios, ¡ayúdame! Amén».

Cuando se emitió un edicto imperial que llamaba a Lutero «un hereje condenado», este ya había escapado al castillo de Wartburg, donde se escondió durante diez meses.

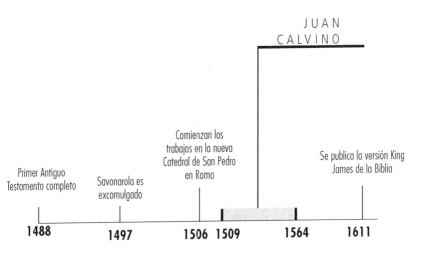

JUAN
CALVINO

Comienzan los
trabajos en la nueva
Catedral de San Pedro
en Roma

Se publica la versión King
James de la Biblia

Primer Antiguo
Testamento completo

Savonarola es
excomulgado

1488　　　　**1497**　　　　**1506　1509**　　　**1564**　　　**1611**

JUAN CALVINO

PADRE DE LA FE REFORMADA

«Trabajé en esta obra [Institución] especialmente para los franceses, porque vi que muchos tenían hambre y sed de Cristo y, sin embargo, solo unos pocos tenían un conocimiento real de Él».

Con su hermano, su hermana y dos amigos, Juan Calvino huyó de la Francia católica y se dirigió a la ciudad libre de Estrasburgo. Era el verano de 1536; Calvino se había convertido recientemente a la fe «evangélica» y acababa de publicar *Institución de la religión cristiana*, que articulaba sus puntos de vista protestantes. Era un hombre buscado.

El grupo arribó a una posada en Ginebra, y rápidamente se corrió la voz del líder de la iglesia local William Farel de que el autor de la *Institución* estaba en la ciudad. Farel estaba extasiado. Estaba desesperado por ayuda mientras se esforzaba por organizar una iglesia protestante recién formada en la ciudad. Corrió a la posada y le suplicó a Calvino, argumentando que era la voluntad de Dios que permaneciera en la ciudad.

Calvino dijo que solo se quedaría una noche. Además, él era un erudito, no un pastor. Farel, desconcertado y frustrado, hizo un gran juramento de que Dios maldeciría todos los estudios de Calvino a menos que se quedara en Ginebra.

Calvino, un hombre de tierna conciencia, reflexionó más tarde sobre este momento: «Sentí como si el Dios del cielo hubiera puesto Su poderosa mano sobre mí para detenerme en mi curso, y estaba tan aterrorizado que no continué mi viaje».

Hasta el día de hoy, el nombre de Calvino está asociado, para bien y para mal, con la ciudad de Ginebra. Y la creencia de Calvino en la elección de Dios es su legado teológico a la Iglesia.

La «suma total de la piedad»

Calvino nació en 1509 en Noyon, Francia. Su padre, un abogado, planeó una carrera en la Iglesia para su hijo y, a mediados de la década de 1520, Calvino se había convertido en un excelente erudito. Hablaba un

latín competente, sobresalía en filosofía y estaba calificado para continuar el estudio intensivo de teología en París.

Sin embargo, de repente, su padre cambió de opinión y decidió que Juan debería alcanzar la grandeza en la ley. Juan accedió, y los siguientes cinco o seis años los pasó en la Universidad de Orleans, logrando distinción en un tema que no amaba. Durante estos años, se sumergió en el humanismo renacentista. Aprendió griego, leyó ampliamente los clásicos y añadió a su conocimiento de Aristóteles, los escritos de Platón. Desarrolló un gusto por la escritura, de modo que, a los 22 años, había publicado un comentario sobre *De Clementia* de Seneca.

Luego, la noticia de las enseñanzas de Lutero llegó a Francia, y su vida dio un vuelco abrupto, aunque su propio relato es reticente y vago: «Él [Dios] domó una mente demasiado terca para sus años hasta hacerla enseñable (pues yo estaba tan dedicado a las supersticiones del papado que nada más podía sacarme de tal fango). Y así, esta mera degustación de la verdadera piedad que recibí encentó en mí una llama con tal deseo de progresar que seguí el resto de mis estudios con frialdad, aunque no los abandoné por completo».

Fue etiquetado como «luterano» y, cuando surgió la persecución en París (a donde había regresado para enseñar), buscó refugio en Basilea. Allí escribió la primera edición de un libro que iba a afectar la historia occidental tanto como cualquier otro.

La Institución de la Religión Cristiana fue concebida como un manual elemental para aquellos que querían saber algo sobre la fe evangélica: «Toda la suma de la piedad y todo lo que es necesario saber sobre la doctrina salvadora». Calvino después escribió: «Trabajé en esta obra especialmente para los franceses, porque vi que muchos tenían hambre y sed de Cristo y, sin embargo, solo unos pocos tenían un conocimiento real de Él».

En *la Institución*, Calvino describió sus puntos de vista sobre la Iglesia, los sacramentos, la justificación, la libertad cristiana y el gobierno político. Su tema único y general fue la soberanía de Dios. Él enseñó que el pecado original erradicaba el libre albedrío en las personas. Solo por iniciativa de Dios puede alguien comenzar a tener fe y, por lo tanto, experimentar la seguridad de salvación.

En esta y posteriores ediciones, Calvino desarrolló las doctrinas de la predestinación o elección. Más importante aún, abogó por la indefectibilidad de la gracia, es decir, que la gracia nunca será retirada de los elegidos. Este fue el intento pastoral de Calvino de consolar a los nuevos creyentes. En el catolicismo medieval, los creyentes seguían ansiosos por su destino espiritual y debían realizar más y más buenas obras para garantizar su salvación. Calvino enseñó que una vez un creyente comprende que es elegido por Cristo para vida eterna, nunca más tendrá que sufrir dudas sobre su salvación: «Obtendrá una esperanza inquebrantable de perseverancia final (como se le llama), si se considera miembro de aquel está más allá del peligro de perderse».

La ciudad de Dios

Después de huir de Francia para escapar de la persecución, Calvino se instaló en Ginebra a pedido de Farel. Pero después de solo 18 meses, él y Farel fueron expulsados de la ciudad por estar en desacuerdo con el ayuntamiento. Calvino se dirigió nuevamente a Estrasburgo, donde fue pastor durante tres años y se casó con Idellete de Bure, la viuda de un anabautista, quien ya tenía dos hijos.

Para 1541, la reputación de Calvino se había extendido: escribió otros tres libros y revisó su *Institución*. (Hubo aún más revisiones en 1550 y 1559, llegando eventualmente a 80 capítulos). Se había hecho amigo íntimo de importantes reformadores como Martin Bucer y Felipe Melanchthon. Las autoridades de la ciudad le pidieron que regresara a Ginebra, y pasó el resto de su vida tratando de ayudar a establecer una sociedad teocrática.

Calvino creía que la Iglesia debía reflejar fielmente los principios establecidos en la Sagrada Escritura. En sus ordenanzas eclesiásticas, argumentó que el Nuevo Testamento enseñaba cuatro órdenes de ministerio: pastores, médicos, ancianos y diáconos. Alrededor de estos, se organizó la ciudad.

Los pastores dirigían los servicios, predicaban, administraban los sacramentos y cuidaban el bienestar espiritual de los feligreses. En cada una de las tres iglesias parroquiales, se ofrecían dos servicios dominicales y una clase de catecismo. Cada dos días laborables había un servicio, más tarde, todos los días. La Cena del Señor se celebraba trimestralmente.

Los doctores, o maestros, daban conferencias en latín sobre el Antiguo y Nuevo Testamento, generalmente los lunes, miércoles y viernes. La audiencia consistía principalmente de escolares y ministros mayores, pero cualquiera podía asistir.

En cada distrito, los ancianos vigilaban los asuntos espirituales. Si veían que tal o cual persona abusaba de la bebida, o que el Sr. X golpeaba a su esposa, o que el Sr. Y y la Sra. Z se veían demasiado, los amonestaban de manera fraternal. Si el comportamiento no cesaba, informaban del asunto al Consistorio, el órgano rector de la Iglesia, que convocaría al delincuente. La excomunión era el último recurso y seguiría vigente hasta que el delincuente se arrepintiera.

Finalmente, el bienestar social estaba a cargo de los diáconos. Eran el consejo de administración del hospital, los ejecutivos de la seguridad social y los supervisores de las casas de limosnas. Los diáconos eran tan efectivos que Ginebra no tenía mendigos.

El sistema funcionó tan bien durante tantos años que cuando Juan Knox visitó Ginebra en 1554, le escribió a un amigo que la ciudad «es la escuela de Cristo más perfecta que haya existido en la tierra desde los días de los apóstoles».

Autoritarismo no oficial

Calvino, por su parte, predicaba dos veces todos los domingos y todos los días de semanas alternas. Cuando no predicaba, daba conferencias como profesor de Antiguo Testamento tres veces por semana. Ocupaba su lugar regularmente en el Consistorio, que se reunía todos los jueves. Y estaba en comités o se le pedía consejo incesantemente sobre asuntos relacionados con los diáconos.

De ninguna manera fue el gobernante o dictador de Ginebra. Era nombrado por el consejo de la ciudad y ellos le pagaban. En cualquier momento podría haber sido despedido por ellos (como lo fue en 1538). Fue extranjero en Ginebra, ni siquiera ciudadano naturalizado, hasta cerca del final de su vida. La suya era una autoridad moral, derivada de su creencia de que, al proclamar el mensaje de la Biblia, era el embajador de Dios, con la autoridad divina detrás de él. Como tal, estuvo involucrado en muchas cosas que sucedieron en Ginebra, desde la constitución de la ciudad hasta desagües y aparatos de calefacción.

Su papel en la infame ejecución de Miguel Servet en 1553, entonces, no fue oficial. Servet huyó a Ginebra para escapar de las autoridades católicas: había negado la Trinidad, una blasfemia que merecía la muerte en el siglo XVI en toda Europa. Las autoridades de Ginebra no tenían más paciencia con la herejía que los católicos, y con la plena aprobación de Calvino, pusieron a Servet en la hoguera.

Calvino se condujo más allá de los límites de su cuerpo. Cuando no podía caminar los doscientos metros hasta la iglesia, lo llevaban en una silla a predicar. Cuando el médico le prohibió salir en el aire invernal a la sala de conferencias, colocó a la audiencia en su habitación y dio conferencias allí. A quienes lo instaron a descansar, les preguntó: «¿Qué? ¿Quieres que el Señor me encuentre inactivo cuando venga?».

Sus aflicciones se intensificaron por la oposición que a veces enfrentaba. La gente trató de ahogar su voz tosiendo fuertemente mientras él predicaba; otros dispararon armas afuera de la iglesia. Los hombres echaban sus perros sobre él. Incluso hubo amenazas anónimas contra su vida.

La paciencia de Calvino se desvaneció gradualmente. Incluso cuando era paciente, a veces era demasiado antipático. Mostró poca comprensión, poca amabilidad, y ciertamente poco humor.

Calvino finalmente se agotó en 1564. Pero su influencia no. Fuera de la Iglesia, a sus ideas se les ha culpado o atribuido (según el punto de vista) el surgimiento del capitalismo, el individualismo y la democracia. En la Iglesia, ha tenido una gran influencia en figuras destacadas como el evangelista George Whitefield y el teólogo Karl Barth, así como en movimientos completos, como el puritanismo.

Día a día, las iglesias con los nombres «presbiteriana» o «reformada» (e incluso algunos grupos bautistas) llevan su legado a las parroquias locales de todo el mundo.

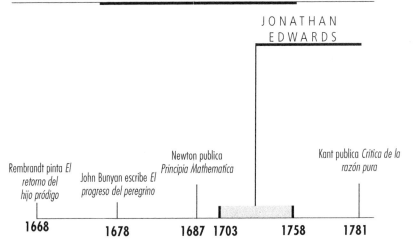

Rembrandt pinta *El retorno del hijo pródigo*

John Bunyan escribe *El progreso del peregrino*

Newton publica *Principia Mathematica*

Kant publica *Crítica de la razón pura*

JONATHAN EDWARDS

1668   1678   1687 1703   1758   1781

TEÓLOGOS

JONATHAN EDWARDS

EL MÁS GRANDE TEÓLOGO AMERICANO

«[Deseo] estar postrado delante de Dios, como en el polvo; para que yo no sea nada, y que Dios sea todo, para que yo pueda llegar a ser como un niño pequeño».

A los 14 años, Jonathan Edwards, que ya era estudiante en Yale, leía al filósofo John Locke con más deleite «que el avaro más codicioso al encontrar puñados de plata y oro en un tesoro recién descubierto».

También era un hombre joven con profundas sensibilidades espirituales. A los 17 años, después de un período de angustia, dijo que la santidad se le reveló como una deslumbrante belleza divina. Su corazón jadeaba por «estar postrado ante Dios, como en el polvo; para que yo no sea nada, y que Dios sea todo, para que yo pueda llegar a ser como un niño pequeño».

Esta combinación de intelecto y piedad caracterizó toda la vida de Edwards.

Avivamiento desapasionado

Edwards nació en East Windsor, Connecticut, y recibió su maestría de Yale en 1722. Fue aprendiz de su abuelo, Solomon Stoddard, durante dos años antes de convertirse, en 1729, en el único predicador de la parroquia de Northampton, Massachusetts.

Mientras tanto, cuando tenía 20 años, conoció a Sarah Pierrepont. Su boda siguió a cuatro años de cortejo a menudo agonizante para el torpe e intenso Edwards, pero al final, su matrimonio resultó profundamente satisfactorio para ambos. Edwards lo describió como una «unión poco común», y en un sermón sobre Génesis 2:21-25, dijo: «Cuando Adán se levantó de su sueño profundo, Dios le trajo a la mujer desde cerca de su corazón». Eventualmente tuvieron 11 hijos.

En 1734, la predicación de Edwards sobre la justificación por la fe provocó un tipo diferente de devoción: un avivamiento espiritual estalló en su parroquia. En diciembre hubo seis conversiones repentinas. Para la primavera había unas treinta por semana.

Esto no se debió a la teatralidad. Un observador escribió: «Apenas hacía gestos, ni siquiera se movía, y no hacía ningún intento por gratificar el gusto ni fascinar la imaginación por medio de la elegancia de su estilo ni la belleza de sus imágenes». En cambio, convencía «con un el peso abrumador de sus argumentos y la intensidad de sus emociones».

Edwards mantuvo un cuidadoso informe escrito de sus observaciones y las anotó en *La pasión por la gloria de Dios* (1737), y sus sermones más efectivos fueron publicados en *La justificación por la fe sola* (1738), que fueron ampliamente leídos en Estados Unidos e Inglaterra. Estas obras ayudaron a impulsar el Gran Avivamiento unos años más tarde (1739–1741), durante el cual miles de personas fueron conmovidas por la predicación del británico George Whitefield. Whitefield había leído el libro de Edwards y se propuso visitarlo cuando llegó a Estados Unidos. Edwards invitó a Whitefield a predicar en su iglesia e informó: «La congregación se derritió extraordinariamente [...] casi toda la asamblea lloró durante gran parte del tiempo». «Casi toda la asamblea» incluía al mismo Edwards.

Durante el Gran Avivamiento, Edwards contribuyó tal vez con el sermón más famoso de la historia de Estados Unidos, «Pecadores en manos de un Dios airado». Desafortunadamente, desde entonces se ha etiquetado a Edwards como emocional y crítico, cuando en realidad lo predicó tan desapasionadamente como cualquier otro de sus sermones.

A pesar de su estilo desapasionado, Edwards insistió en que la verdadera religión tiene sus raíces en los afectos, no en la razón. Defendió los arrebatos emocionales del Gran Avivamiento, especialmente en el *Tratado sobre afecciones religiosas* (1746), una obra maestra del discernimiento psicológico y espiritual, y en *Algunos pensamientos sobre el renacimiento actual de la religión en Nueva Inglaterra* (en el que incluyó un relato del despertar espiritual de su esposa).

Y, en días en que el canto de salmos era casi la única música que se escuchaba en las iglesias congregacionales, Edwards alentó al canto de nuevos himnos cristianos, especialmente los de Isaac Watts.

Newton y la Biblia

Edwards consideraba que la conversión personal era algo crítico, por lo que insistió en que solo las personas que habían hecho una profesión de fe, que incluía una descripción de su experiencia de conversión, podían recibir la Comunión. Esto revirtió la política de su abuelo y enajenó a su congregación, que lo expulsó en 1750.

Durante los años siguientes, fue pastor misionero de los nativos americanos en Stockbridge, Massachusetts, y escribió, entre otros tratados teológicos, *Freedom of the Will* [La libertad de la voluntad] (1754), una brillante defensa de la soberanía divina. En él argumentó que somos libres de hacer lo que queramos, pero que nunca querremos hacer la voluntad de Dios sin una visión de Su naturaleza divina impartida por el Espíritu. Fascinado por la física newtoniana e iluminado por la Escritura, Edwards creía que la providencia de Dios era literalmente la fuerza de unión de los átomos: que el universo colapsaría y desaparecería a menos que Dios mantuviera Su existencia de un momento a otro. La Escritura afirma su punto de vista de que Cristo «sustenta todas las cosas con la palabra de su poder» (Heb. 1:3). Tales fueron los frutos de su hábito de toda la vida de levantarse a las 4:00 a.m. y estudiar 13 horas al día.

El Colegio de Nueva Jersey (más tarde Princeton) lo nombró presidente en 1758. Pero poco después de su llegada, Edwards murió a causa de la nueva vacuna contra la viruela. Tenía 55 años.

Edwards no dejó un legado pequeño: es considerado (algunos dirían que junto a Reinhold Niebuhr) el mejor teólogo de Estados Unidos.

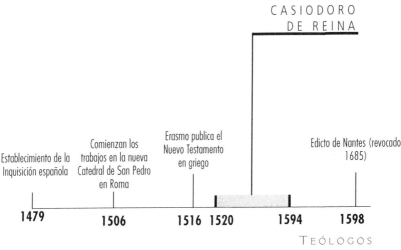

CASIODORO
DE REINA

Establecimiento de la Inquisición española

Comienzan los trabajos en la nueva Catedral de San Pedro en Roma

Erasmo publica el Nuevo Testamento en griego

Edicto de Nantes (revocado 1685)

1479   **1506**   **1516 1520**   **1594**   **1598**

TEÓLOGOS

CASIODORO DE REINA

EL TRADUCTOR

«Aquellos a quienes el Padre pre-ordenó para aquella felicidad de su conocimiento no se han de quedar de ninguna manera sin recibirlo como elegidos, atraídos por él mismo».

Casiodoro de Reina nació en Montemolín, España, cerca de 1520[1], y fue uno de los doce monjes de San Isidoro del Campo que huyeron de Sevilla durante la Inquisición del siglo XVI. Reina era versado en escritos reformistas de Lutero, Calvino, Melanchton, Zuinglio, y Bucero, a través de la osadía de un hombre llamado Julianillo, quien había introducido clandestinamente a Sevilla libros prohibidos por la Iglesia católica, provocando así «la gran conspiración luterana de Castilla la Vieja y Andalucía».[2]

Cuando Reina salió de su país para nunca volver más, su primera parada fue en Ginebra en 1557, donde encontró refugio, conoció a Juan Calvino, y pastoreó junto a Juan Pérez de Pineda una iglesia hispana. Durante su exilio, Reina comenzó la obra que lo hizo popular en el mundo hispano: la traducción de la Biblia al castellano, conocida como la Biblia del Oso, por su particular portada. Este arduo trabajo le costaría once años hasta su publicación el 28 de septiembre de 1569. De esta traducción, el historiador católico Menéndez Pelayo asevera que Reina es «el escritor a quien debió nuestro idioma igual servicio que el italiano a Diodati».[3] La traducción de la Biblia de Reina, editada luego por Valera en 1602, continúa siendo la más leída en el mundo protestante hispano.

El pastor

La faceta de Reina que se ha ignorado en la iglesia hispana es que, más que un mero traductor de la Biblia, Reina era un pastor, quien hizo una tremenda labor para promulgar la Reforma con los españoles exiliados. Sus esfuerzos reformistas lo llevaron de Ginebra a pastorear una iglesia en Londres, Inglaterra, donde fue acusado falsamente con el cargo de sodomía por sus muchos opositores.[4] Reina se vio obligado a huir de nuevo a Amberes, Bélgica, donde encontró refugio por un tiempo, para luego regresar al oficio pastoral, pero esta vez en Fráncfort, Alemania, donde pasaría sus últimos años, y moriría el 15 de marzo de 1594.[5]

Además de ser pastor, Reina era un erudito en los idiomas originales, y es por eso que su traducción es tan atinada y con una prosa magistral y sublime. Su erudición le llevó a realizar varios comentarios de la Biblia, incluyendo uno sobre el Evangelio de Juan y otro sobre el capítulo cuatro de Mateo. Ayudó también a escribir la Confesión de fe cristiana, conocida también como Confesión de fe española, que sirvió como fundamento para la iglesia que pastoreó en Inglaterra. Esta última obra la dedicó a «ciertos fieles españoles, los cuales, huyendo de los abusos de la Iglesia romana y la crueldad de la Inquisición de España, dejaron su patria, para ser recibidos de la Iglesia de los fieles, por hermanos en Cristo».[6]

Uno de los descubrimientos al estudiar la vida de Reina es su énfasis en la doctrina reformada, alineada con Juan Calvino y Beza, sus principales influencias teológicas.

En su Confesión de fe cristiana, Reina escribe lo siguiente sobre la inhabilidad del hombre en su pecado (depravación total):

«Por esta confesión renunciamos a toda doctrina de hombres que… nieguen la corrupción de la humana naturaleza por la razón dicha, o que a lo menos enseñen no ser tanta que no le queden al hombre fuerzas y facultad de libre arbitrio con que poder de sí mismo, o ser mejor, o disponerse para serlo delante de Dios; mayormente habiéndonos el Señor enseñado que es necesario nacer de nuevo».[7]

En su comentario al Evangelio de Juan, Reina escribe lo siguiente sobre por quiénes murió Cristo (expiación limitada), utilizando un fuerte lenguaje para los que se oponen:

«Para que nunca el hombre necio entienda como recibida en atención a sí mismo o a sus fuerzas o mérito y dignidad lo mismo la propia fe por la que cree en Cristo que aquellos bienes de la redención, de la justificación, de la regeneración en la vida inmortal y bienaventurada, es necesario que conozca que todo aquello le ha sucedido por mera gracia y benigna munificencia del Padre celestial, que desde la eternidad en Cristo su Hijo únicamente amado nos amó de tal forma, que por nosotros envió a la muerte a su mismo Hijo Unigénito para que nosotros (pero no todos indiscriminadamente, como algunos estúpidos están de ello persuadidos, sino solamente aquellos que están unidos con él mediante la fe verdadera y viva en él) fuésemos librados de la muerte eterna y del juicio de condenación debido por nuestros pecados».[8]

También en su comentario a Juan, Reina establece sobre Juan 6:44, que dice: «Ninguno puede venir a mí, si el Padre que me envió no le trajere», su posición en cuanto a la predestinación y el llamado eficaz de Dios (elección incondicional y gracia irresistible):

«Así pues, por lo que atañe al sentido de la frase, en cuanto que es hombre y administrador de la salvación humana, Cristo se consuela a sí mismo en medio de tan gran esterilidad de fe y frutos de su ministerio y trabajo, trayendo a la mente la providencia del Padre celestial en una predestinación cierta de los elegidos, seguro de que por mucho que aquellos refractarios con suma ingratitud no estimen en nada la palabra de aquel, aquellos a quienes el Padre preordenó para aquella felicidad de su conocimiento no se han de quedar de ninguna manera sin recibirlo como elegidos, atraídos por él mismo».[9]

Además añade sobre la obra sobrenatural del Espíritu Santo en la salvación: «Aquellos que desde su condición de impíos, profanos y carnales se han hecho piadosos, santos e incorruptos, han sufrido una cierta metamorfosis».[10]

En cuanto a la doble predestinación, Reina comenta:

«No nos admiremos, pues, si ante la voz del evangelio, que por una parte tritura las piedras y las rocas, vemos que muchísimos, más duros que cualquier diamante, resisten en su dureza; más aún, que desde el mismo aceite saludable del evangelio se vuelven cada día más duros y obstinados. Estos están excluidos de las plegarias de Cristo, destinados a la ira e indignación de Dios por su dureza y obstinación».[11]

De la seguridad de salvación (perseverancia de los santos), escribe:

«Condenamos la doctrina de los que enseñen que siempre el cristiano ha de estar dudoso de la remisión de sus pecados y de haber alcanzado justificación, por ser doctrina derechamente contra la doctrina del verdadero evangelio».[12]

Estos extractos de los escritos de Reina demuestran su teología reformada, alineada con los otros grandes reformadores. Aunque Reina tuvo diferencias con Calvino a causa de la condenación a la hoguera a su compatriota español Servet, quien negaba la doctrina de la Trinidad, Reina era considerado un hombre pacífico que «se sentía cómodo en el mundo calvinista y luterano, sin necesidad de rechazar uno o el otro».[13] En Casiodoro de Reina encontramos un hombre desapercibido por la historia, pero grandemente usado por Dios, y quien sufrió durante décadas por sus posturas reformistas. Quiera Dios levantar hombres cuya meta en la vida, como describió Reina la suya propia, sea «la propagación de Su conocimiento y el consuelo de Su iglesia».[14]

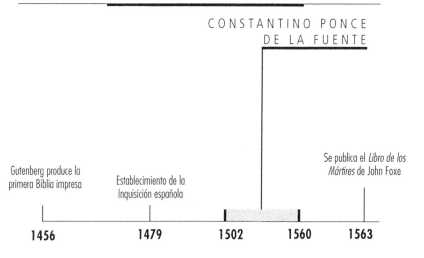

CONSTANTINO PONCE
DE LA FUENTE

Se publica el *Libro de los Mártires* de John Foxe

Gutenberg produce la primera Biblia impresa

Establecimiento de la Inquisición española

| 1456 | 1479 | 1502 | 1560 | 1563 |

TEÓLOGOS
CONSTANTINO PONCE DE LA FUENTE

ACUSADO DE HEREJE Y ENCERRADO EN LAS CÁRCELES
DEL SANTO OFICIO DEL CASTILLO DE TRIANA

> «No por otra cosa avisa Dios al hombre de su voluntad sino por amor
> que le tiene y para que la ponga en obra y sea bienaventurado».

Sumado a su gran conocimiento teológico y sus destrezas en los idiomas originales, Constantino Ponce de la Fuente fue venerado por su gran sentido del humor y elocuencia como predicador en la ciudad de Sevilla. Constantino nació en La Mancha, un pueblo adyacente a San Clemente en Cuenca, España. Durante los años 1524-1534 estuvo estudiando en la Universidad de Alcalá y eventualmente en la Universidad de Sevilla, donde fue introducido a las ideas de Erasmo y Lutero. Aparte de abrazar las convicciones doctrinales, Constantino asumió el carácter de los Reformistas, ya que llegaba a disfrutar la práctica de desenmascarar la hipocresía religiosa del clero.

Luego de su ordenación sacerdotal a la orden de Sevilla, Constantino Ponce de la Fuente pasó a ser el predicador en la catedral donde su carisma y convicción atraía a multitudes para escucharle. Durante su ilustre tiempo como líder de esta congregación, Constantino redactó varios libros, incluidos *Suma de la doctrina cristiana, Catecismo cristiano para los niños, Confesión de un pecador* y *Doctrina cristiana*. Estos libros destacan las ideas de Erasmo de una piedad centrada en Cristo y una devoción a la integridad en privado antitética a la devoción externa a guardar los sacramentos.

Si bien Ponce de la Fuente fue venerado en su pueblo, su prestigio y reputación alcanzaron los oídos del emperador Carlos V quien solicitó de sus servicios clérigos. Entre los años 1548-1555, ejerció sus responsabilidades junto a la corte del emperador, emprendiendo viajes a través de Europa (Holanda y Alemania). Sin embargo, a pesar de su estatus, la maldad de la Inquisición llegó a sus puertas. Sea por su asociación con un circulo auto-definido como «Sociedad Luterana de Sevilla», o por el polémico logro al alcanzar la posición como canon de la catedral, la Inquisición sospechó de sus enseñanzas respecto a la justificación. Eventualmente fue acusado de hereje y encarcelado en las cárceles del Santo Oficio del Castillo de Triana, donde murió tras las torturas de la Inquisición en el auto de fe de Sevilla, 22 de Diciembre 1559.

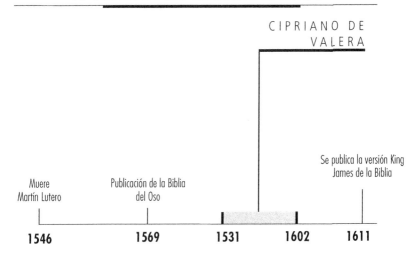

CIPRIANO DE
VALERA

Se publica la versión King
James de la Biblia

Muere
Martín Lutero

Publicación de la Biblia
del Oso

| 1546 | 1569 | 1531 | 1602 | 1611 |

CIPRIANO DE VALERA
EL REFORMADOR Y EDITOR

> *El mismo Dios que mandó que todos, sin distinción alguna ni de sexo ni de edad ni de cualidades, leyesen la Sagrada Escritura; ese mismo ordenó que fuese divulgada en todas las lenguas (como vemos que lo es), para que nadie aduciese ignorancia*

El consenso común a lo largo de varias generaciones, si no siglos, ha sido que la Reforma del siglo XVI pasó de largo la nación de España. Sin embargo, aunque no hay dudas de que fue un progreso lento y un declive rápido, sí hubo un movimiento protestante en España en el siglo XVI.

Una figura clave fue Cipriano de Valera (1531 – 1602), más conocido por su revisión de la Biblia española (la Reina-Valera), que es todavía hoy la Biblia de mayor uso en el mundo hispanohablante. Si bien sabemos poco acerca de la vida personal de Valera, podemos tener cierta idea del hombre a través de sus escritos. Entre todos, existen unas siete obras publicadas, que incluyen en su mayoría traducciones de obras de otros autores, prefacios originales, y adaptaciones de distintos tratados.

Al examinar dos de sus obras, su tratado sobre el papado y la misa y su prefacio a la *Institución* de Calvino, podemos conocer mejor a este protestante español olvidado, y poner particular atención en su amor evangelístico por sus compatriotas.

Breve bosquejo biográfico

Como miembro de la orden de los jerónimos en las afueras de Sevilla, en España, Valera quedó convencido junto con otros del

pensamiento protestante. En 1557, huyó a Ginebra para evitar el alcance de la Inquisición. Con el ascenso de la reina Isabel al trono en 1558, Valera se trasladó a Londres, donde estudió y recibió una beca en Cambridge, obteniendo después una maestría en Oxford. Después de eso hay un relativo silencio en los siguientes veinte años, pero sabemos que regresó a Londres y fue miembro de una iglesia para extranjeros aprobada por el estado, fundada por Casiodoro de Reina.

La invasión fallida de la armada española en 1588 impulsó un esfuerzo concentrado de parte de los ingleses por producir libros y panfletos en español. Esta salida propagandista, apadrinada por los ingleses, tenía la intención de contrarrestar el poder creciente de España. En ese año, alrededor de los 56 años de edad, Valera comenzó su carrera como autor, cuando publicó un polémico tratado atacando al papado y la misa.

Ataque al papado y la misa (1588)

El tratado titulado «Dos Tratados, el primero es del Papa … El segundo es de la Missa …», argumentaba que la Iglesia católica romana estaba edificada sobre dos pilares: el papado y la misa. Valera decía que si se golpeaba una de esas dos columnas, toda la estructura se derrumbaría, siendo la misa el pilar más esencial del edificio católico. Valera oraba para que Dios enviase al «verdadero Samson, que es Cristo», para derribar las columnas por la Palabra de Dios.

En su prefacio de apertura dirigido «al lector cristiano», Valera escribió acerca de cuánto le dolía ver a su nación a la que Dios había bendecido tan ricamente con «ingenio, habilidad, y entendimiento para las cosas del mundo», ser tan sorda y ciega a las cosas de Dios. Según Valera, España había sido arrastrada y se había dejado «gobernar, atropellar y tiranizar por el Papa, del hombre de pecado, del hijo de perdición, del Anticristo, que está sentado en el templo de Dios como Dios, haciéndose parecer Dios».

Valera deseó que su nación disfrutase de las mismas misericordias que los otros países europeos circundantes habían experimentado, sin duda refiriéndose a las otras reformas. Lo que más deseaba era una «libertad de conciencia» para vivir libremente ante el Señor. Esta libertad, decía Valera, era «no para rienda suelta servir á las concupiscencias de la carne: sino para en espíritu y en verdad servir al Dios viviente, al cual servir es reinar».

Aunque esta obra es polémica por naturaleza, Valera apelaba con frecuencia directamente a sus compatriotas a abrir sus ojos al error del sistema católico romano:

Abre tus ojos, España; o mejor dezir, ábratelos Dios, y mira en qué estima el Papa tenga al sacramento, al cual, él mismo te vende por tu dinero, diciendo que es tu Dios.

Señor, juzga tu causa: libera a tu pobre pueblo digno de las manos de estos encantadores, falsos profetas y embaidores [o charlatanes]. Abre, España, los ojos, y ve: cree á quien con grande amor te avisa: mira si esto que digo es verdad, ó no.

Abre los ojos, España, y acaba de entender quién sea el Papa, a quien adoras como á Dios en la tierra.

No es sorprendente que Valera fuese quemado en efigie el 26 de abril de 1562, y que fuese el único nombrado por el Índice como «el hereje español».

La *Institución* de Juan Calvino (1597)

En 1597 Valera publicó una traducción de la quinta edición de la *Institución* de Juan Calvino (1559). Según Valera, Dios levantó a Calvino, el «doctísimo intérprete de la sagrada Escritura» para ser uno de los varios «instrumentos de su gracia» en su iglesia. Según Valera, Calvino trata en su *Institución* los puntos de la doctrina en una forma «pura y sincera-mente», enseñando todo lo que está en la Palabra de Dios, y refutando el error y la herejía.

En su prefacio, dirigido «a todos los fieles de la nación española», Valera es fuertemente doctrinal, sazonando todo el texto con alusiones e historias bíblicas. Valera comienza destacando el don supremo de Dios, es decir, el verdadero conocimiento de Dios en el Señor Jesucristo. Este conocimiento, destaca, ofrece a los hombres «una grande alegría y qui-etud de corazón en esta vida, y la eterna gloria y felicidad después de esta vida». Abreviando, nada hay más necesario que este conocimiento. Valera enfatiza que Satanás busca ocultar la verdad desde la creación hasta el tiempo presente. Se refiere a los enemigos de fuera y también a los domésticos que «se glorían de ser el pueblo de Dios, y que tienen las apariencias externas», sin duda refiriéndose a la Inquisición y a la infraestructura de la Iglesia católica romana que la apoyaba.

En apuntes firmemente anti papales, Valera escribió que la Iglesia católica romana había abandonado el camino de los apóstoles y los mandamientos de Cristo, y no solo no se preocupaba de las ovejas, sino que las ahogaba en ignorancia. Estos líderes afirmaban ser los «vicarios de Cristo», pero en realidad alejaban a la gente de la obediencia y el verdadero conocimiento de Cristo.

Valera advirtió acerca de los falsos maestros, llamando a sus lectores a despertar de la ignorancia y renunciar a aquellos que los engañaban con idolatrías y supersticiones. En uno de sus momentos más expresivos, escribió que incluso «con todos los fuegos, cárceles y cuchillos de los perseguidores no ha sido apagada la luz de la verdad». En lugar de eso, la verdad se había esparcido por los reinos y ciudades de la tierra. Luego cita el dicho bien conocido de Tertuliano: «La sangre de los Mártires es la semilla de la Iglesia».

Valera dedicó esta traducción de la *Institución* de Calvino a todos los españoles fieles, a aquellos que estaban viviendo aún bajo el yugo de la Inquisición, y a aquellos que habían sido desterrados de su patria. Enumeró tres razones que lo motivaban a realizar esta obra. La primera era la gratitud a Dios, que lo libró de la potestad de las tinieblas y lo trasladó al reino de su amado Hijo (Col. 1:13). Aquí Valera citaba las palabras de Jesús a Pedro en Lucas 22:32 («una vez que hayas regresado, confirma a tus hermanos») como motivación a sus esfuerzos por producir esta obra en español. La segunda razón era el «encendido deseo» de «adelantar por todos los medios que puedo, la conversión, el confort y la salud de mi nación». La tercera motivación de su traducción era «la gran falta, carestía y necesidad que nuestra España tiene de libros que contengan la sana doctrina, por los cuales los hombres puedan ser instruidos en la doctrina de piedad». Cada una de estas motivaciones revela a un hombre que, aún desplazado de su patria, avivó en una llama un celo por sus propios compatriotas durante toda su vida.

Valera concluía con la siguiente exhortación:

Abrid, pues, los ojos oh Españoles, y dejando á los que os engañan, obedeced a Cristo y a su palabra, la cual sola es firme e inmutable para siempre. Estribos y fundad vuestra fé sobre el verdadero fundamento de los Profetas y Apóstoles, y la sola Cabeza de su Iglesia.

Aliento para el día de hoy

Vemos en Cipriano de Valera a un hombre que mantuvo un celo evangelístico por su propio pueblo durante toda su vida. Como el apóstol Pablo en Romanos 9, Valera experimentó «gran tristeza y continuo dolor en mi corazón» (Rom. 9:2) por sus compañeros españoles, sus «parientes según la carne» (Rom. 9:3). Aunque dejó España con 25 años, Valera nunca dejó de identificarse como español, ni paró de anhelar la salvación de su pueblo. Dedicó sus esfuerzos a escribir, traducir y publicar obras que ponían las verdades evangélicas ante los lectores de su lengua nativa, siendo la corona de su pluma su revisión de *La Biblia del Oso* de Casiodoro de Reina, que dio origen a la tan amada Biblia Reina-Valera.

En años recientes ha resurgido un interés por la teología reformada en el mundo anglosajón. Aunque estamos agradecidos por este mover, hay necesidad de la misma renovación entre los hispanohablantes. Un estudio sobre los protestantes españoles del siglo XVI, incluyendo a Cipriano de Valera, es una gran fuente de aliento, así como un recordatorio, de que la predicación del evangelio y las verdades reformadas no han sido desconocidas en nuestra lengua española.

Con Valera, igual clamamos que el Señor abra muchos ojos en el mundo hispanohablante a un conocimiento verdaderamente salvador de Cristo.

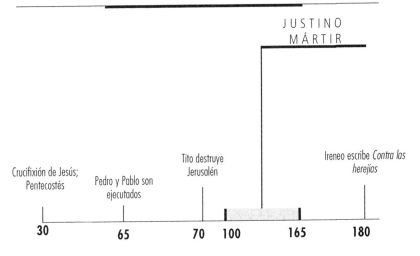

JUSTINO
MÁRTIR

Crucifixión de Jesús;
Pentecostés

Pedro y Pablo son
ejecutados

Tito destruye
Jerusalén

Ireneo escribe *Contra las
herejías*

30   65   70 100   165   180

JUSTINO MÁRTIR

D E F E N S O R   D E   L A   « V E R D A D E R A   F I L O S O F Í A »

«Me enamoré de los profetas y de estos hombres que habían amado a Cristo; reflexioné sobre todas sus palabras y descubrí que esta filosofía por sí sola era verdadera y provechosa».

Cuando Justino fue arrestado por su fe en Roma, el prefecto le pidió que renunciara a su fe haciendo un sacrificio a los dioses. Justino respondió: «Nadie que tenga una mentalidad correcta cambia de una creencia verdadera a una falsa».

En cierto sentido, fue una respuesta fácil para Justino porque había pasado la mayor parte de su vida adulta discerniendo lo verdadero de lo falso.

Fuego en el alma

Justino nació en la ciudad romana de Flavia Neapolis (antigua Siquem en Samaria). Criado por padres paganos, buscó encontrar el

63

sentido de la vida en las filosofías de su época. Esto solo trajo una serie de decepciones.

Su primer maestro fue un estoico que «no sabía nada de Dios y ni siquiera pensaba que el conocimiento acerca de Él fuera necesario». Le siguió un peripatético (filósofo itinerante), que parecía más interesado en recibir sus honorarios. Luego vino un pitagórico, pero su curso requerido de música, astronomía y geometría parecía demasiado tedioso. Finalmente, el platonismo, aunque intelectualmente exigente, resultó insatisfactorio para el corazón hambriento de Justino.

Por fin, alrededor del año 130 d. C., después de una conversación con un anciano, su vida se transformó: «De repente se encendió un fuego en mi alma. Me enamoré de los profetas y de estos hombres que habían amado a Cristo; reflexioné sobre todas sus palabras y descubrí que esta filosofía por sí sola era verdadera y provechosa. Así es como me convertí en filósofo y por qué lo hice. Desearía que todos sintieran lo mismo que yo».

Justino continuó usando su manto de filósofo, buscando conciliar la fe y la razón. Su ministerio de enseñanza lo llevó primero a Éfeso (ca. 132), donde mantuvo una disputa con Trifón, un judío, sobre la verdadera interpretación de la Escritura. El *Diálogo con Trifón* enseña tres puntos principales: el Antiguo Pacto está desapareciendo para dar lugar al Nuevo; el *Logos* es el Dios del Antiguo Testamento; y los gentiles son el nuevo Israel.

Más tarde, Justino se mudó a Roma, fundó una escuela cristiana y escribió dos valientes apologías (es decir, defensas, de la palabra griega *apologia*). La primera apología de Justino, dirigida al emperador Antonino Pío, se publicó en 155 e intentó explicar la fe. El cristianismo no era una amenaza para el estado, afirmó, y debería ser tratado como una religión legal. Escribió «en nombre de los hombres de todas las naciones que son injustamente odiados y vilipendiados».

Justino argumentó que los cristianos son, de hecho, los «mejores ayudantes y aliados del emperador para asegurar el buen orden, convencidos como estamos de que ningún hombre malvado […] puede ocultarse de

Dios, y que todos van al castigo eterno o a la salvación de acuerdo con el carácter de sus acciones». Además, demostró que el cristianismo es superior al paganismo, que Cristo es una profecía cumplida, y que el paganismo es en realidad una pobre imitación de la verdadera religión.

Una imagen de adoración

Sin embargo, esta apología ha atraído la mayor atención de los lectores modernos porque en ella, Justino registra descripciones detalladas de la adoración cristiana primitiva (para mostrar a los no creyentes que el cristianismo no era subversivo). El pasaje más famoso es este:

> En el día llamado domingo hay una reunión, en el mismo lugar, de todos los que viven en una determinada ciudad o distrito rural. Se leen las memorias de los apóstoles o los escritos de los profetas, por tanto tiempo como sea posible. Luego, cuando el lector cesa, el presidente amonesta e insta a la imitación de estas cosas buenas. Luego, todos nos levantamos y hacemos oraciones.
>
> Cuando dejamos de orar, se nos presenta pan, vino y agua. El presidente de la misma manera hace oraciones y acciones de agradecimiento, de acuerdo con su habilidad, y la gente entona con asentimiento, diciendo «amén». Se hace una distribución y participación a cada persona de los elementos por los cuales se ha dado gracias, y a los que no están presentes se les envían a través de los diáconos.
>
> Los que tienen medios y están dispuestos, cada uno según su propia elección, dan lo que quieren, y lo que se recauda se deposita con el presidente. Él provee para los huérfanos y las viudas, los necesitados por enfermedad o por alguna otra causa, los que están en cautiverio, los extraños que apenas sobreviven; en una palabra, se convierte en el protector de todos los necesitados.

La segunda apología de Justino fue escrita poco después de que Marco Aurelio se convirtiera en emperador en 161. En estos escritos, Justino intentó demostrar que la fe cristiana por sí sola era verdaderamente racional. Él enseñó que el *Logos* (Palabra) se encarnó para enseñar la verdad da la humanidad y redimir a las personas del poder de los demonios.

Cuatro años después, Justino y sus discípulos fueron arrestados por su fe. Cuando el prefecto los amenazó de muerte, Justino dijo: «Si somos castigados por nuestro Señor Jesucristo, esperamos ser salvos». Fueron sacados y decapitados. Porque dio su vida por la «verdadera filosofía», Justino fue nombrado Mártir.

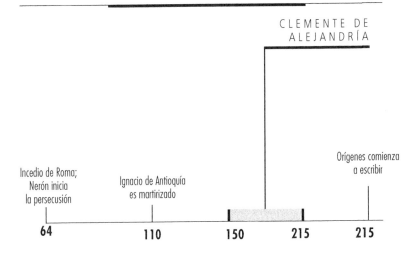

CLEMENTE DE
ALEJANDRÍA

Orígenes comienza
a escribir

Incedio de Roma;
Nerón inicia
la persecusión

Ignacio de Antioquía
es martirizado

64   110   150   215   215

CLEMENTE DE ALEJANDRÍA

TEÓLOGO PARA LOS INTELECTUALES

> *«Quitemos la ignorancia y la oscuridad que se extienden como una niebla sobre nuestra vista, y tengamos una visión del Dios verdadero».*

El pensamiento de la Nueva Era realmente no es tan nuevo, ni fue el siglo XX la primera época en donde los cristianos se vieron obligados a responder a esta enseñanza religiosa. Una de las primeras formas de pensamiento del tipo Nueva Era fue el gnosticismo, que floreció en los siglos II y III, y uno de los respondedores cristianos más efectivos fue Clemente de Alejandría.

La «nueva filosofía»

Nació como Titus Flavius Clemens, muy probablemente de padres paganos, en Atenas. Como adulto, buscó la verdad de varios maestros en Grecia, Italia, Siria, Palestina y, finalmente, Alejandría, una ciudad de quizás un millón de habitantes. Allí estudió bajo la tutela de Pantaenus, quien enseñó el cristianismo a la luz de las enseñanzas científicas de la época.

Alrededor de 190, Clemente abrió su propia «escuela», que se parecía más a un ciclo de conferencias desarrolladas durante años. Enseñó una «nueva filosofía» que abordaba las preocupaciones culturales y filosóficas de la época. La «filosofía» no era tan nueva, el cristianismo, pero la enseñanza de Clemente sí lo era. Escribió tres libros para exponer sus puntos de vista.

Su *Exhortación a los griegos* fue un trabajo filosófico introductorio para los no bautizados, en el que intentó mostrar lo razonable de la fe cristiana. «¡Alejémonos entonces, alejémonos de nuestro olvido de la verdad!», exhortó. «Quitemos la ignorancia y la oscuridad que se extienden como una niebla sobre nuestra vista, y tengamos una visión del Dios verdadero».

En *Instructor*, describió los deberes y la ética específicos enseñados por el «Instructor» (es decir, el Logos o Cristo): «Nuestra superintendencia en instrucción y disciplina es el oficio de la Palabra [Logos, en griego], de quien aprendemos frugalidad y humildad, y todo lo relacionado con el amor a la libertad, el amor al hombre y el amor a la excelencia».

Misceláneas es un mosaico multicolor de enseñanzas de filosofía avanzada, ética e instrucción disciplinada para los «gnósticos cristianos», con el propósito de guiarlos hacia el conocimiento esotérico (gnosis): «El hombre de comprensión y discernimiento es, entonces, un gnóstico. Y su propósito no es la abstinencia de lo que es malo […] o hacer el bien por miedo […] tampoco debe hacerlo con la esperanza de una recompensa prometida […], sino solo hacer el bien por amor y por el bien de su propia excelencia, esa es la elección del gnóstico».

Si esto suena místico, lo es. Clemente buscó llegar a los literatos de su época, y el gnosticismo estaba de moda. Intentó presentar la fe cristiana en términos que estas personas pudieran reconocer.

El problema de la riqueza

Clemente no pasó todo su tiempo con paganos, sino que también buscó ayudar a la Iglesia. Uno de los sermones más famosos de la historia es uno de Clemente. En él, trató de abordar un problema recurrente en la historia de la Iglesia, pero que los cristianos enfrentaban por primera vez en su día: a la luz de la parábola de Jesús sobre el joven rico, ¿qué deberían hacer los cristianos ricos con su riqueza?

Clemente adoptó un enfoque que se ha debatido, pero que generalmente se ha seguido desde entonces. Clemente planteó el problema de esta manera: «Dado que las posesiones de un tipo están dentro del alma, y las de otro tipo fuera de ella, y estas últimas parecen ser buenas si el alma las usa bien, pero si se usan mal, ¿a cuál de las dos Jesús nos pide renunciar?».

Él respondió: «El Señor admite el uso de las cosas externas, pidiéndonos que nos guardemos, no de los medios de vida, sino de las cosas que usamos mal. Y estas son [...] las debilidades y pasiones del alma».

En otras palabras, el problema es nuestra actitud hacia las posesiones (es decir, la avaricia), no las posesiones en sí.

Clemente también abogó por el uso de las artes visuales en la adoración en un momento en que algunos de los primeros cristianos eran reacios a emplear la pintura o el dibujo, temiendo que la atención a su trabajo pudiera constituir idolatría. Clemente concluyó que los cristianos no deben representar dioses paganos, ni espada o arco, ni copas de vino, ni recordatorios de inmoralidad sexual.

En cambio, «permitamos que nuestro emblema sea una paloma, un pez, o un barco que corre delante del viento, o la lira de un músico, o el ancla de un barco. Y si hay un pescador, nos recordará a un apóstol y a los niños pequeños que emergen del agua».

Además, uno de los primeros himnos cristianos es el que se adjunta al *Instructor* de Clemente, «Himno del Salvador Cristo».

Su primera interpretación en verso inglés (en 1846) aparece en muchos himnarios hoy como "Pastor de la tierna juventud". Tres estrofas traducidas del griego original traen una vívida imagen de la vida de alabanza de la iglesia alejandrina:

Brida de potros salvajes,
Ala de pájaros que no se extravían,
Seguro cazador de naves,
¡Pastor de los corderos del rey!
Reúne a tus hijos
Quienes viven en simplicidad.
Déjalos cantar en santidad.
¡Que celebren con sinceridad,
Con una boca que no conoce el mal,
A Cristo que guía a sus hijos!

Su ministerio, tanto dentro como fuera de la iglesia alejandrina, se interrumpió abruptamente en 202, cuando estalló la persecución durante el reinado del emperador Septimio Severo. Clemente se vio obligado a huir de la ciudad. Se instaló en Capadocia, y hacia 215, murió.

Pero su influencia no terminó con su muerte. Fue según la tradición, el maestro de Orígenes, un teólogo de inmensa influencia en la próxima generación. Su teología mística también puede haber influido en Psuedo-Dionisio, quien fue el teólogo que dio forma al misticismo medieval. Y en la década de 1700, Juan Wesley recurrió a la descripción de Clemente del verdadero gnóstico para ayudar a describir la perfección cristiana.

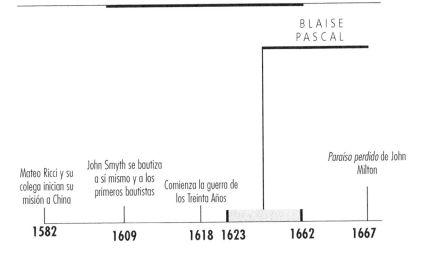

BLAISE
PASCAL

Mateo Ricci y su colega inician su misión a China

John Smyth se bautiza a sí mismo y a los primeros bautistas

Comienza la guerra de los Treinta Años

Paraíso perdido de John Milton

1582 1609 1618 1623 1662 1667

BLAISE PASCAL

PRODIGIO CIENTÍFICO Y ESPIRITUAL

«El corazón tiene razones que la razón no entiende».

«¿Quién necesita a Dios? El hombre puede hacer todo solo». Así lo afirmaba la *Razón*, la filosofía que capturó la imaginación de la Francia del siglo XVII. Sus campeones, Voltaire y Descartes, entre otros, intentaron crear una visión del mundo gobernada completamente por la razón.

El matemático y físico francés, Blaise Pascal, aunque educado en el apogeo del pensamiento de la Ilustración, encontró que la razón era inadecuada: «El último paso de la razón es el reconocimiento de que hay un número infinito de cosas que están más allá». Concluyó: «El corazón tiene razones que la razón no entiende», una declaración que pronto se convirtió en la principal crítica del racionalismo y el punto de partida para una defensa de la fe cristiana que todavía influye en la gente de hoy.

Prodigio científico

La madre de Pascal murió cuando él tenía 3 años, y su padre mudó a la familia de Clermont-Ferrand, Francia, a París, donde educó en casa a Blaise y su hermana. A los diez años, Pascal estaba haciendo experimentos originales en matemáticas y ciencias físicas. Para ayudar a su padre, que era recaudador de impuestos, inventó el primer dispositivo de cálculo (algunos lo llaman la primera «computadora»).

Con este último invento, se hizo de un nombre (¡a los 19 años!) y comenzó su muy diversa carrera científica. Probó las teorías de Galileo y Torricelli (quienes descubrieron los principios del barómetro), culminando con su famosa ley de la hidráulica, que establece que la presión sobre la superficie de un fluido se transmite por igual a cada punto de un fluido. Agregó documentos importantes sobre el vacío, el peso y la densidad del aire y el triángulo aritmético. Desarrolló la teoría de la probabilidad, que todavía se usa hoy en día. Inventó la jeringa, el elevador hidráulico, y se le atribuye la invención del reloj de pulsera y el mapeo de la primera ruta de autobús en París. Se dice que Pascal estaba apenado por sus múltiples talentos.

«Noche de fuego»

Mientras tanto, Pascal estaba explorando el mundo espiritual, que estaba experimentando una revolución en toda Europa. Mientras el pietismo florecía en Alemania y la santidad wesleyana se extendía por Inglaterra, la Francia católica estaba sintiendo los efectos del jansenismo, una forma de agustinismo que enseñaba la predestinación y la gracia divina, en lugar de las buenas obras, como algo vital para la salvación.

En 1646, Pascal entró en contacto con el jansenismo y se lo presentó a su hermana, Jacqueline, quien finalmente ingresó al convento de Port-Royal, un centro de jansenismo. Pascal, sin embargo, continuó luchando espiritualmente: luchó con la dicotomía entre el mundo y Dios.

Luego, el 23 de noviembre de 1654, Pascal experimentó una «conversión definitiva» durante una visión de la crucifixión: «Desde las diez y media de la noche hasta las doce y media […] FUEGO […] el Dios de Abraham, el Dios de Isaac, el Dios de Jacob, y no el de los filósofos y sabios. Certidumbre. Certidumbre. Sensación. Alegría. Paz».

Grabó la experiencia (llamada «Mémorial») en un pergamino, que llevó consigo el resto de su vida, cosido dentro de su abrigo. Comenzó una asociación de por vida con Port-Royal, aunque él, a diferencia de su hermana, nunca se convirtió en un «solitario».

Pasión por Cristo

Sus mejores obras no son solo obras maestras de la prosa francesa, sino también excelentes defensas de la fe cristiana.

Les Provinciales, 18 ensayos considerados como brillante ironía y sátira, atacaron a los jesuitas y defendieron la demanda de los jansenistas de un retorno a la moral y la creencia de Agustín en la gracia divina. La iglesia católica colocó a *Les Provinciales* en el *Índice*, condenándolo, pero no logró calmar la controversia que suscitó.

Pensées, una colección de los «pensamientos» de Pascal que pretendía presentar como una defensa del cristianismo, se publicó después de su muerte. En ella, retrató a la humanidad como suspendida entre la miseria y la felicidad, e indefensa sin Dios. La gente trata de evitar el abismo mediante distracciones. Pascal refutó la idea de que la razón y la ciencia por sí solas pueden llevar a una persona a Dios. Solo al experimentar a Cristo la gente puede conocer a Dios.

La fe llega a través del «corazón», que para Pascal no era solo sentimientos, sino la intuición que comprende sin tener que usar la razón. Y la gracia de Dios hace que suceda: «No se sorprendan al ver a personas simples que creen sin discutir. Dios hace que lo amen y se odien a sí mismos. Él inclina sus corazones a creer. Nunca creeremos con una fe vigorosa e incuestionable a menos que Dios toque nuestros corazones; y creeremos tan pronto como lo haga».

En *Pensées*, Pascal también presentó su famoso argumento a favor de la fe: la apuesta. Como la razón no puede dar una certeza absoluta, argumentó, toda persona debe arriesgarse a creer en algo. Cuando se trata de la fe cristiana, dijo, una persona sabia apostará por ella porque: «Si ganas, ganas todo; si pierdes, no pierdes nada».

Voltaire y otros eruditos denunciaron a Pascal como un fanático triste. Triste o no, vivió la mayor parte de su vida con un cuerpo frágil, y sus muchas enfermedades finalmente le pasaron factura a los 39 años.

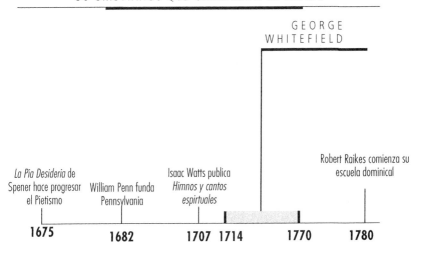

GEORGE
WHITEFIELD

Robert Raikes comienza su
escuela dominical

La Pia Desideria de
Spener hace progresar
el Pietismo

William Penn funda
Pennsylvania

Isaac Watts publica
*Himnos y cantos
espirtuales*

1675　　1682　　1707 1714　　1770　　1780

EVANGELISTAS Y APOLOGISTAS
GEORGE WHITEFIELD
SENSACIONAL EVANGELISTA DE
GRAN BRETAÑA Y AMÉRICA

*«Daría cien guineas, si pudiera decir "Oh" como el Sr.
Whitefield».*

- David Garrick, actor

En gran parte olvidado hoy, George Whitefield fue probablemente
la figura religiosa más famosa del siglo XVIII. Los periódicos lo llamaban la «maravilla de la época». Whitefield fue un predicador capaz
de cautivar a miles en dos continentes con el puro poder de su oratoria. En su vida, les predicó al menos 18 000 veces a unos 10 millones
de oyentes en total.

Amor por el teatro

Cuando era niño en Gloucester, Inglaterra, leía obras de teatro insaciablemente y a menudo dejaba de ir a la escuela para practicar para sus actuaciones de colegial. Más tarde en la vida, repudió el teatro, pero los métodos que aprendió de joven tuvieron efecto en su predicación.

Mientras estudiaba en el Pembroke College, en Oxford, se unió a un grupo de «metodistas» piadosos, que se llamaban a sí mismos «el club sagrado», liderados por los hermanos Wesley, Juan y Carlos. Bajo su influencia, experimentó un «nuevo nacimiento» y decidió convertirse en misionero en la nueva colonia de Georgia, al otro lado del Océano Atlántico.

Cuando se retrasó el viaje, Whitefield fue ordenado diácono en la  iglesia anglicana y comenzó a predicar en Londres. Se sorprendió al descubrir que dondequiera que hablaba, multitudes se aglomeraban y ponían atención a cada una de sus palabras.

Estos no eran sermones ordinarios. Retrató la vida de los personajes bíblicos con un realismo que nadie había visto antes. Lloró, bailó, gritó. Entre los cautivados estaba David Garrick, entonces el actor más famoso de Gran Bretaña. Él dijo: «Daría cien guineas, si pudiera decir "Oh" como el Sr. Whitefield».

Una vez, al predicar sobre la eternidad, de repente detuvo su mensaje, miró a su alrededor y exclamó: «¡Esperen! Creo que escucho [a los santos] cantando sus aleluyas eternas, y pasando un día eterno haciendo eco de canciones triunfantes de alegría. ¿No anhelan, mis hermanos, unirse a este coro celestial?».

Whitefield finalmente llegó a Georgia, pero se quedó solo por tres meses. Cuando regresó a Londres, encontró muchas iglesias cerradas a sus métodos poco convencionales. Luego experimentó con la predicación extemporánea al aire libre, donde ningún documento o púlpito de madera se interponía entre él y su audiencia.

Multitudes cautivadas

En 1739, Whitefield emprendió una gira de predicación por las colonias americanas. Whitefield seleccionó Filadelfia, la ciudad más cosmopolita del Nuevo Mundo, como su primera parada estadounidense. Pero incluso las iglesias más grandes no podían contener a los 8000 que venían a verlo, por lo que los llevó al aire libre. Cada parada en el viaje de Whitefield estuvo marcada por audiencias récord, que a menudo excedían la población de las ciudades en las que predicaba. Whitefield a menudo se sorprendía de cómo las multitudes «tan dispersas pueden reunirse con tan poco tiempo de advertencia».

Las multitudes también eran agresivas en espíritu. Como se ha relatado, las multitudes «se codeaban, empujaban y pisoteaban para escuchar hablar al famoso Whitefield sobre "cosas divinas"».

Sin embargo, una vez que Whitefield comenzaba a hablar, las turbas frenéticas eran cautivadas. «Incluso en Londres», comentó Whitefield, «nunca he observado un silencio tan profundo».

Aunque dirigido por los Wesley, Whitefield estableció su propio curso teológico: era un calvinista convencido. Su tema principal era la necesidad del «nuevo nacimiento», con lo que se refería a una experiencia de conversión. Nunca suplicó a la gente que se convirtiera, sino que solo anunció y dramatizó su mensaje.

La esposa de Jonathan Edwards, Sara, comentó: «Él se enfoca menos en las doctrinas que nuestros predicadores estadounidenses y apunta más a afectar el corazón. Es un orador nato. Sé que una persona con prejuicios podría decir que todo esto es artificio y exhibición teatral, pero nadie que lo conozca pensará así».

Whitefield también hizo que la comunidad de esclavos formara parte de sus avivamientos, aunque estaba lejos de ser un abolicionista. No obstante, buscó cada vez más audiencias de esclavos y hablaba por ellos. La respuesta fue tan grande que algunos historiadores la consideran la génesis del cristianismo afroamericano.

En todos los lugares donde Whitefield predicaba, recolectaba apoyo para un orfanato que había fundado en Georgia durante su breve estadía allí en 1738, aunque el orfanato lo dejó endeudado durante la mayor parte de su vida.

El avivamiento espiritual que encendió, el Gran Avivamiento, se convirtió en uno de los eventos más formativos de la historia de Estados Unidos. Su último sermón en esta gira se dio en el Boston Commons ante 23 000 personas, probablemente la reunión más grande en la historia de Estados Unidos hasta ese momento.

«Escenas de angustia incontrolable»

Whitefield luego fijó su mirada en Escocia, a la que haría catorce visitas en su vida. Su visita más dramática fue la segunda, cuando acudió al pequeño pueblo de Cambuslang, que ya comenzaba a experimentar un avivamiento. Su servicio nocturno atrajo a miles y continuó hasta las 2:00 de la mañana. «Hubo escenas de angustia incontrolable, como un campo de batalla. Toda la noche en los campos, se escuchó la voz de oración y alabanza». Whitefield concluyó: «Superó con creces todo lo que vi en Estados Unidos».

El sábado, Whitefield, junto a pastores del área, le predicó a unas 20 000 personas en servicios que se extendieron hasta bien entrada la noche. A la mañana siguiente, más de 1700 comulgantes se reunieron frente a largas mesas de comunión instaladas en carpas. En todas partes de la ciudad, recordó, «es posible que hayas escuchado personas orando y alabando a Dios».

Héroe cultural

Con cada viaje a través del Atlántico, se hizo más popular. De hecho, gran parte de la controversia que rodeó los avivamientos de Whitefield desapareció (los críticos se quejaban del entusiasmo excesivo tanto del predicador como de las multitudes), y los antiguos enemigos se se volvieron amigables hacia él por su gentileza.

Antes de que completara sus recorridos por las colonias, prácticamente todos los hombres, mujeres y niños habían escuchado al «gran itinerante» al menos una vez. El impacto de Whitefield en Estados Unidos fue tan generalizado que él puede ser considerado el primer héroe cultural de Estados Unidos. De hecho, antes de Whitefield, es dudoso que algún nombre, aparte de la realeza, fuera conocido por igual desde Boston hasta Charleston.

Los éxitos de toda la vida de Whitefield en el púlpito no coincidían con su vida familiar privada. Como muchos itinerantes de su época, Whitefield sospechaba del matrimonio y temía que una esposa se convirtiera en una rival para el púlpito. Cuando finalmente se casó con una viuda mayor, Elizabeth James, la unión nunca pareció florecer en una relación íntima y compartida.

En 1770, el hombre de 55 años continuó su gira de predicación en las colonias como si todavía fuera un joven itinerante, insistiendo: «Prefiero desgastarme que oxidarme». Ignoraba las señales de peligro, en particular los «resfriados» asmáticos que le producían «gran dificultad» al respirar. Su último sermón tuvo lugar en los campos, sobre un gran barril.

«Estaba hablando de la ineficiencia de las obras para merecer la salvación», relató un oyente para la prensa, «y de repente gritó en un tono de trueno: "¡Obras! ¡Obras! ¡Un hombre llega al cielo por obras! Sería más fácil pensar en subir a la luna con una cuerda de arena». A la mañana siguiente murió.

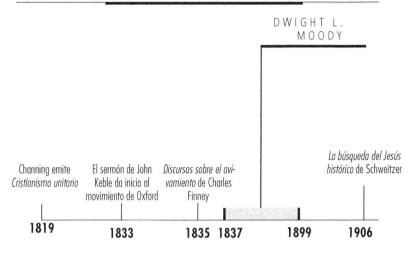

DWIGHT L. MOODY

La búsqueda del Jesús histórico de Schweitzer

Channing emite *Cristianismo unitario*

El sermón de John Keble da inicio al movimiento de Oxford

Discursos sobre el avivamiento de Charles Finney

1819   1833   1835 1837   1899   1906

EVANGELISTAS Y APOLOGISTAS

DWIGHT L. MOODY

EVANGELISTA CON EMPATÍA

«Si este mundo ha de ser alcanzado, estoy convencido de que lo deben hacer hombres y mujeres de talento promedio».

Con su energía física ilimitada, astucia natural, confianza en sí mismo y optimismo eterno, Dwight Lyman Moody podría haberse convertido en un gigante industrial de la Edad Dorada como John D. Rockefeller o Jay Gould. En cambio, se convirtió en uno de los grandes evangelistas del siglo XIX.

Cabalgata en pony hacia la YMCA

Nació en Northfield, Massachusetts, en una familia de albañiles. Su padre murió cuando Moody tenía cuatro años, dejando nueve hijos para que su madre, Betsey, criara. Su madre nunca alentó a

Dwight a leer la Biblia, y él solo adquirió el equivalente a una educación de quinto grado.

Se independizó a los 17 años y vendió zapatos en la tienda de su tío en Boston. También asistió a las clases de YMCA y de escuela dominical, donde se hizo cristiano a los 18 años. Poco después, se mudó a Chicago, donde vendió zapatos y trabajó para lograr su objetivo de acumular una fortuna de 100 000 dólares.

Lentamente, Moody se dio cuenta de que, a la luz de su nueva fe, su vida no debía ser invertida en acumular riquezas, sino en ayudar a los pobres. En 1858 estableció una escuela dominical misionera en North Market Hall, en un barrio pobre de Chicago. Pronto se convirtió en una iglesia (de la cual, seis años después, se formó la Iglesia independiente de Illinois Street, precursora de la ahora famosa Iglesia memorial Moody). Para 1861 había dejado su negocio para concentrarse en el trabajo social y evangelístico. Atrajo a los niños de la clase baja de inmigrantes alemanes y escandinavos a su misión con dulces y paseos en pony, y atrajo a los adultos a través de reuniones de oración por la noche y clases de inglés. Estaba convencido de que «si realmente puedes hacer que un hombre crea que lo amas, lo has ganado».

Allí conoció y luego se casó con una de las maestras de escuela dominical, Emma C. Revell, con quien tuvo tres hijos.

Como presidente de la YMCA de Chicago durante cuatro años, impulsó causas evangelísticas como la distribución de tratados en toda la ciudad, y celebró reuniones diarias de oración al mediodía. Durante la Guerra Civil, se negó a luchar, diciendo: «En lo que respecta a este asunto, soy un cuáquero», pero trabajó a través de la YMCA y la Comisión cristiana de Estados Unidos para evangelizar a las tropas de la Unión. Buscó incansablemente y recibió apoyo financiero para todos sus proyectos, de empresarios cristianos ricos, como Cyrus McCormick y John Wanamaker. En todo esto, trató de mezclar el trabajo social efectivo con el evangelismo.

El gran incendio de Chicago en octubre de 1871 destruyó la iglesia misionera de Moody, su hogar y el YMCA. Viajó a Nueva York para recaudar fondos para reconstruir la iglesia y la YMCA, pero mientras caminaba por Wall Street, sintió lo que describió como «una presencia y un poder» que nunca antes había sentido, tanto que exclamó en voz alta: «Detente, Señor, ¡es suficiente!». Regresó a Chicago con una nueva visión: predicar el Reino de Dios, no el trabajo social, es lo que cambiaría el mundo. Después de esto dedicó sus inmensas energías únicamente a la «evangelización del mundo en esta generación».

Evangelismo innovador

Moody creía que la música sería una herramienta valiosa en sus campañas evangelísticas, por lo que cuando, en 1870, escuchó a Ira Sankey cantar en una convención de la YMCA, convenció a Sankey de abandonar una carrera gubernamental bien remunerada para unirse a él.

En el verano de 1873, Moody y Sankey fueron invitados a las Islas Británicas por los anglicanos evangélicos William Pennefather y Cuthbert Bainbridge, pero ambos patrocinadores murieron antes de que llegaran Moody y Sankey. Sin el respaldo oficial, Moody y Sankey llevaron a cabo campañas en York, Sunderland y Jarrow a una mínima multitud. En Newcastle, sus esfuerzos evangelísticos comenzaron a cosechar conversos, y desde entonces su popularidad aumentó. Después de predicar durante dos años en Inglaterra, Escocia e Irlanda, Moody regresó a Estados Unidos como un evangelista internacionalmente famoso. De su fama, Moody admitió: «Sé perfectamente que, a donde quiera que voy a predicar, hay muchos mejores predicadores […] que yo; todo lo que puedo decir al respecto es que el Señor me usa».

Inmediatamente, llegaron las llamadas a las cruzadas. Durante estas cruzadas, Moody fue pionero en muchas técnicas de evangelismo: visitas casa por casa antes de una cruzada; un enfoque ecuménico que requería la cooperación de todas las iglesias locales y líderes evangélicos laicos, independientemente de las afiliaciones denominacionales; apoyo filantrópico por parte de la comunidad empresarial; el alquiler de un gran edificio central; la participación de un cantante de gospel; y el uso de una sala de consejería para aquellos que deseaban arrepentirse.

Alternando entre Europa y América, Moody y Sankey realizaron numerosas campañas evangelísticas ante más de 100 millones de personas. En sus reuniones de 1883 en Cambridge, Inglaterra, siete destacados estudiantes universitarios, los famosos «Siete de Cambridge», se comprometieron a convertirse en misioneros en China (bajo Hudson Taylor).

Aprovechó cada oportunidad para predicar. Cuando los gerentes de la Exposición Mundial de 1893 en Chicago decidieron mantener la feria abierta los domingos, muchos líderes cristianos pidieron un boicot. Pero no Moody. Él dijo: «Abramos tantos lugares de predicación

y presentemos el evangelio de manera tan atractiva que la gente quiera venir a escucharlo». En un solo día, más de 130 000 personas asistieron a reuniones evangelísticas coordinadas por Moody.

Entrenar al ejército de Dios

A través de su trabajo de avivamiento, vio la necesidad de un ejército de laicos entrenados en la Biblia para continuar el trabajo de evangelismo dentro de la ciudad. Dijo: «Si este mundo ha de ser alcanzado, estoy convencido de que lo deben hacer hombres y mujeres de talento promedio. Después de todo, hay relativamente pocas personas en este mundo que tienen grandes talentos». En 1879 estableció el Seminario Northfield para niñas, seguido dos años después por la Escuela Monte Hermón para niños.

En 1880, Moody invitó a adultos y jóvenes de edad universitaria a la primera de muchas conferencias bíblicas de verano en su casa en Northfield. Estas conferencias ayudaron a cultivar el dispensacionalismo y el fundamentalismo, los cuales estaban apenas emergiendo. En una conferencia, el Movimiento de Voluntariado Estudiantil fue fundado por 100 universitarios que se comprometieron a trabajar en misiones en el extranjero después de su educación universitaria.

Finalmente, en 1886, Moody comenzó el Instituto de Trabajo Bíblico de la Sociedad de Evangelización de Chicago (renombrado Instituto Bíblico Moody poco antes de su muerte), uno de los primeros en el movimiento de escuelas bíblicas. A partir de este trabajo, lanzó otro, la Asociación Colportage (más tarde *Moody Press*), una organización que utilizaba «vagones del evangelio» tirados por caballos, desde donde los estudiantes vendían libros y tratados religiosos a bajo costo en todo el país.

A pesar de un horario incansable (predicaba seis sermones al día, solo un mes antes de morir), le encantaba pasar tiempo con sus hijos y nietos en su granja de Northfield, Massachusetts, donde murió.

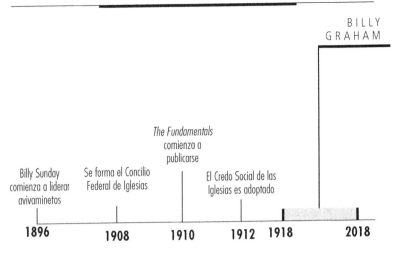

BILLY
GRAHAM

The Fundamentals
comienza a
publicarse

Billy Sunday
comienza a liderar
avivaminetos

Se forma el Concilio
Federal de Iglesias

El Credo Social de las
Iglesias es adoptado

1896   1908   1910   1912 1918   2018

EVANGELISTAS Y APOLOGISTAS

BILLY GRAHAM

EVANGELISTA A MILLONES

> «Cuando Dios se prepare para sacudir a Estados Unidos, es posible que no elija a un doctor en teología. Dios puede elegir a un chico de campo [...] ¡Y oro para que así sea!».

La letanía de logros es bien conocida. Billy Graham ha predicado el evangelio de Cristo en persona a más de 80 millones de personas y a innumerables millones más a través de la radio y la televisión. Casi 3 millones han respondido a la invitación que ofrece al final de sus sermones. Cuando Estados Unidos necesitaba un capellán o un pastor para ayudar a inaugurar o enterrar a un presidente o para brindarle consuelo en tiempos de terrible tragedia, la mayoría de las veces se volvía hacia él.

Prácticamente todos los años desde la década de 1950, ha estado en las listas de las diez personas más admiradas de Estados Unidos o del mundo. Por lo tanto, no es sorprendente que una encuesta de

Ladies Home Journal clasificara al famoso evangelista en segundo lugar solo por detrás de Dios en la categoría «logros en religión».

En el centro de atención

Nacido cerca de Charlotte, Carolina del Norte, en 1918, Billy Graham asistió primero al Bob Jones College, pero encontró intolerable tanto el clima como las estrictas reglas del Dr. Bob. Luego siguió a un amigo al Instituto Bíblico de Florida, donde comenzó a predicar y cambió su afiliación denominacional de Presbiteriano Reformado Asociado a Bautista del Sur. Para completar su educación intensiva, pero académicamente limitada, se mudó al norte a Wheaton College, donde conoció a Ruth Bell, la hija de un médico misionero, con quien se casó. Allí emprendió su primer y único período como pastor local.

En 1945, Graham se convirtió en el representante de campo de un movimiento evangelístico dinámico conocido como Juventud para Cristo Internacional. En este papel, realizó una gira por los Estados Unidos y gran parte de Gran Bretaña y Europa, enseñando a los líderes de las iglesias locales cómo organizar reuniones juveniles. También forjó amistades con decenas de líderes cristianos que luego se unirían a su organización o brindarían asistencia crítica a sus cruzadas cuando visitara sus ciudades en todo el mundo.

Graham ganó más exposición a través de cruzadas publicitadas a nivel nacional en Los Ángeles, Boston, Washington y otras ciudades importantes desde 1949 hasta 1952, y a través de su programa de radio *Hour of Decision* [La hora de la decisión], que comenzó en 1950. Asombrosos avivamientos en Londres (1954) y Nueva York (1957), giras triunfales por el continente y el Lejano Oriente, la fundación de la revista *Christianity Today* (1956), el lanzamiento de transmisiones de televisión a nivel nacional en ABC (1957) y una amistad pública con el presidente Dwight Eisenhower y el vicepresidente Richard Nixon lo establecieron firmemente como el abanderado del cristianismo evangélico.

Fuego amigo

A medida que crecía el prestigio y la influencia de Graham, particularmente entre los cristianos «tradicionales» (no evangélicos), recibió críticas de los fundamentalistas quienes sentían que su cooperación con las iglesias afiliadas al Consejo Nacional y Mundial de Iglesias señalaba una concesión ante las fuerzas corruptoras del modernismo. Bob Jones lo acusó de vender un «tipo de religión de descuento» y de «sacrificar la causa del evangelicalismo en el altar de la conveniencia temporal». La ruptura duradera con el fundamentalismo estricto se produjo en 1957, cuando, después de aceptar una invitación del Consejo Protestante de Nueva York para celebrar una cruzada en el Madison Square Garden, Graham anunció: «Tengo la intención de ir a cualquier parte, patrocinado por cualquiera, para predicar el evangelio de Cristo, si no hay condiciones vinculadas a mi mensaje [...]. La única insignia del discipulado cristiano no es la ortodoxia, sino el amor. Los cristianos no están limitados a ninguna iglesia. La única pregunta es: ¿estás comprometido con Cristo?».

La Cruzada de Nueva York marcó otro desarrollo significativo en el ministerio de Graham. En un momento en que los boicots provocaban tensiones raciales en el sur, Graham invitó al Dr. Martin Luther King, Jr. a discutir la situación racial con él y sus colegas y a guiar a la congregación en oración. La implicación era inconfundible: Graham estaba informando a blancos y negros que estaba dispuesto a identificarse con el movimiento de derechos civiles y su líder más importante, y King transmitía a los negros que Billy Graham era su aliado. Graham nunca se sentiría cómodo con las tácticas de confrontación de King; aun así, su voz era importante al declarar que un racista cristiano era un oxímoron.

Durante la década que abarcó las presidencias de Lyndon Johnson y Richard Nixon, a quienes tuvo un acceso cercano y frecuente, Graham a menudo recibió críticas de quienes sentían que debía ser más audaz para apoyar el movimiento de derechos civiles y, más tarde, para oponerse a la guerra en Vietnam. *Charlotte Observer*, normalmente gratuita, señaló en 1971 que incluso algunos de los compañeros bautistas del sur sentían que él estaba «demasiado cerca de los poderosos y era muy aficionado a las cosas del mundo, [y] lo han comparado a los profetas de antaño que le dijeron a los reyes de Israel lo que querían escuchar».

El evangelista disfrutó su asociación con los presidentes y el prestigio que le confirió a su ministerio. Al mismo tiempo, los presidentes y otras luminarias políticas consideraron claramente su amistad con Graham como un activo político valioso. Durante su campaña de reelección, por ejemplo, Nixon instruyó a su jefe de personal, H. R. Haldeman, que llamara a Graham aproximadamente una vez cada dos semanas, «para que no sienta que no estamos interesados en el apoyo de su grupo en esos estados clave en los que pueden ser útiles».

Después del escándalo de Watergate, Graham retrocedió un poco y comenzó a advertir contra las tentaciones y dificultades que acechan a los líderes religiosos que ingresan a la arena política. Cuando el movimiento conocido como la Derecha Religiosa surgió a fines de la década de 1970, se negó a participar en él, advirtiendo a sus compañeros líderes cristianos a tener «cuidado de ejercer influencia política» para que no pierdan su impacto espiritual.

Cosmovisión

A medida que Graham percibió la amplitud de su influencia, se volvió cada vez más decidido no solo a ayudar al evangelicalismo a ser cada vez más dinámico y seguro de sí mismo, sino también a dar forma a la dirección del cristianismo contemporáneo. Esa determinación se manifestó en varias conferencias internacionales importantes patrocinadas o suscritas en gran parte por la Asociación Evangelística Billy Graham (BGEA, por sus siglas en inglés).

En particular, el Congreso Mundial de Evangelización de 1966 en Berlín, al que asistieron 1200 líderes evangélicos de 104 naciones, y el Congreso Internacional de Evangelización Mundial de 1974 en Lausana, Suiza, al que asistieron 2400 delegados de 150 países, ayudaron a los evangélicos a verse a sí mismos como una fuerza mundial cristiana, junto con el Vaticano II y el Consejo Mundial de Iglesias, como un movimiento internacional capaz de lograr más de lo que sus constituyentes habían creído posible.

Pocos eventos en el ministerio de Billy Graham han sido más sorprendentes o controvertidos que su éxito al penetrar la Cortina de Hierro. A partir de 1978, prácticamente todos los países controlados por los soviéticos le otorgaron progresivamente privilegios que ningún otro religioso, incluidos los líderes religiosos nativos más prominentes y políticamente dóciles, había recibido. Graham utilizó estas visitas para predicar, alentar a los creyentes cristianos y explicarle a los líderes comunistas que su restricción de la libertad religiosa era contraproducente, lo que obstaculizaba las relaciones diplomáticas con Estados Unidos.

Los mejores logros de Graham pueden ser dos conferencias patrocinadas por BGEA en Ámsterdam en 1983 y 1986, con una tercera que fue programada para el año 2000. Estas reuniones, a las que asistieron un total de 13 000 evangelistas itinerantes de 174 países, proporcionaron instrucción básica en asuntos tales como la composición de sermones, la recaudación de fondos y el uso efectivo de películas y videos. Como una señal del espíritu de cambio de Billy Graham, aproximadamente 500 asistentes a la reunión de 1986 eran mujeres, y los pentecostales superaron en número a los no pentecostales. Las reuniones posteriores más pequeñas en todo el mundo han brindado capacitación similar a miles de evangelistas.

De hecho, es posible que la respuesta a la frecuente pregunta, «¿Quién será el próximo Billy Graham?», no sea un hombre o una mujer por sí solos, sino este poderoso ejército de individuos anónimos cuyos espíritus se han emocionado con el ejemplo de Billy Graham, sus manos y mentes preparadas con la ayuda de su organización, y sus corazones encendidos por su exhortación en las reuniones de Ámsterdam: "¡Hagan el trabajo de un evangelista!"».

La edad y la enfermedad de Parkinson le pasaron factura, pero no apagaron el espíritu de Billy Graham. «Mi mente me dice que debo salir e irme», dijo, mientras comenzaba a sentir los efectos de su enfermedad, «pero no puedo hacerlo. Predicaré hasta que no quede aliento en mi cuerpo. Fui llamado por Dios, y hasta que Dios me diga que me retire, no lo haré. Cualquier fortaleza que tenga, en cualquier momento que Dios me permita, estará dedicada a hacer el trabajo de un evangelista mientras viva».

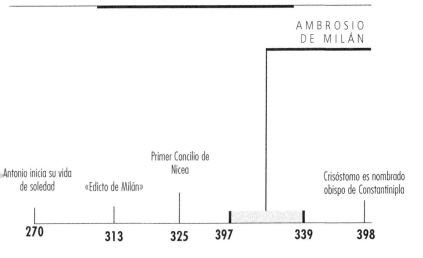

AMBROSIO
DE MILÁN

Primer Concilio de
Nicea

Antonio inicia su vida
de soledad

«Edicto de Milán»

Crisóstomo es nombrado
obispo de Constantinipla

| 270 | 313 | 325 | 397 | 339 | 398 |

AMBROSIO DE MILÁN

EL OBISPO MÁS TALENTOSO DE LA IGLESIA PRIMITIVA

> *«Cuando hablamos de la verdad, la vida y la redención,
> hablamos de Cristo».*

«Cuando hablamos de sabiduría, hablamos de Cristo. Cuando hablamos de la virtud, hablamos de Cristo. Cuando hablamos de justicia, hablamos de Cristo. Cuando hablamos de la verdad, la vida y la redención, hablamos de Cristo». Así escribía Ambrosio, obispo de Milán, exegeta bíblico, teórico político, maestro de la elocuencia latina, músico y maestro; en todos estos roles, hablaba de Cristo.

Carrera truncada

Ambrosio fue el primer padre de la iglesia latina, proveniente de una familia cristiana; también nació en el poder, al ser parte de la familia romana de Aurelio. El papa y los dignatarios de la iglesia visitaron la casa de sus padres cuando era niño, y fue gobernador en las provincias del norte de Italia antes de los 30 años. Cuando fue enviado, el prefecto le dio una palabra de consejo profético: «Ve, compórtate no como juez, sino como obispo».

De hecho, incluso como gobernador tuvo que lidiar con problemas eclesiásticos. Los cristianos ortodoxos y los arrianos estaban prácticamente en guerra en ese momento. Ambrosio no era amigo de los arrianos, pero era tan estimado que ambas partes lo apoyaron. Cuando murió el obispo de Milán (un arriano), Ambrosio asistió a la reunión para elegir un reemplazo, con la esperanza de que su presencia pudiera evitar la violencia entre las partes. Para su sorpresa, ambos lados gritaron su deseo de que él fuera su reemplazo.

Ambrosio realmente no quería ser un líder eclesiástico; le iba bastante bien como político. ¡Y aún no se había bautizado! Pero la gente le escribió al emperador Valentiniano, pidiéndole su sello sobre su veredicto. Ambrosio fue arrestado hasta que accedió a servir.

Si los arrianos habían esperado ganar favor apoyando a Ambrosio como obispo, sus esperanzas pronto se desvanecieron. El nuevo obispo era tan ortodoxo como se podía ser, y pronto tomó acciones contra los arrianos. Se negó a entregar una iglesia para que la usaran los arrianos, y escribió varias obras en su contra, incluyendo *Sobre la fe*, *El misterio de la encarnación del Señor* y *Sobre el Espíritu Santo*.

Después de haber sido entrenado en retórica y derecho y haber estudiado griego, Ambrosio se hizo conocido por su conocimiento de los escritos griegos más recientes, tanto cristianos como paganos. Además de Filo, Orígenes y Basilio de Cesarea, incluso citó al neoplatonista Plotino en sus sermones. Fue ampliamente reconocido como un excelente predicador.

En muchos de esos sermones, Ambrosio expuso las virtudes del ascetismo. Era tan persuasivo que las familias nobles a veces prohibían a sus hijas que asistieran a sus sermones, temiendo que intercambiaran su condición de matrimonio por una vida de austera virginidad.

Una parte de su consejo pastoral todavía es universalmente conocida: «Cuando estés en Roma, vive al estilo romano; cuando estés en otra parte, vive como viven en otra parte».

Ambrosio también introdujo el canto congregacional, y fue acusado de «hechizar» a Milán al introducir melodías orientales en los himnos que escribió. Debido a su influencia, el canto de himnos se convirtió en una parte importante de la liturgia occidental.

El emperador se arrepiente

La contribución más duradera de Ambrosio fue en el área de las relaciones iglesia-estado. Luchó con tres emperadores, y ganó cada vez. Su relación con Teodosio, el primer emperador en tratar de hacer de Roma un estado cristiano, es el ejemplo más conocido.

En el año 390, las autoridades locales encarcelaron a un auriga de Tesalónica por homosexualidad. Desafortunadamente, el auriga era uno de los favoritos de la ciudad, y estallaron disturbios cuando el gobernador se negó a liberarlo. El gobernador y algunos otros fueron asesinados en el combate cuerpo a cuerpo, y el auriga fue liberado.

Enojado, Teodosio exigió venganza. Anunció otra carrera de carros, pero después de que llegaron las multitudes, se cerraron las puertas y los soldados del emperador masacraron a la gente del pueblo. En tres horas, 7000 estaban muertos.

Ambrosio estaba horrorizado. Escribió una carta de enojo a Teodosio exigiendo su arrepentimiento. «Te exhorto, te ruego, te suplico, porque para mí es una pena que la muerte de tantos inocentes no sea una pena para ti», escribió. «Y ahora te pido que te arrepientas». Le prohibió al emperador asistir a la adoración hasta que se postrara ante el altar.

Teodosio obedeció, marcando la primera vez que la iglesia triunfaba sobre el estado.

En ese caso, Ambrosio introdujo el concepto medieval de un emperador cristiano como obediente «hijo de la iglesia sirviendo bajo las órdenes de Cristo». Durante los siguientes mil años, gobernantes seculares y religiosos lucharon por determinar quién era soberano en varias esferas de la vida.

Aunque hay algunas dudas sobre la historicidad de la famosa declaración de Teodosio, «No conozco a ningún obispo digno del título, excepto Ambrosio», el emperador continuó teniendo al obispo en alta estima y murió en sus brazos.

«Confieso que lo amaba y sentí la tristeza de su muerte en el abismo de mi corazón», declaró Ambrosio.

Dos años después, el propio Ambrosio cayó gravemente enfermo. Las preocupaciones del país fueron expresadas por un escritor: «Cuando Ambrosio muera, veremos la ruina de Italia». En la víspera de Pascua, año 397, el hombre que había sido obispo de Milán durante más de 23 años finalmente sucumbió.

Solo un nombre es más asociado con Ambrosio que el de Teodosio, y solo un estudiante eclipsó a este maestro: Agustín. El escéptico profesor de retórica había ido a Milán en el 384 para escuchar la famosa predicación alegórica del obispo. Cuando se fue cuatro años después, Ambrosio lo había bautizado y le había dado una base filosófica que usaría para transformar la teología cristiana.

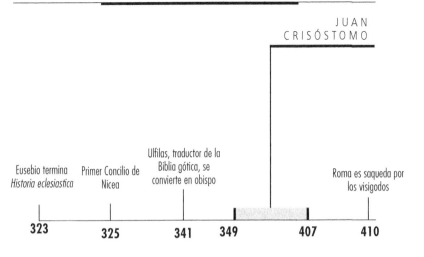

JUAN
CRISÓSTOMO

Eusebio termina
Historia eclesiastica

Primer Concilio de
Nicea

Ulfilas, traductor de la
Biblia gótica, se
convierte en obispo

Roma es saqueada por
los visigodos

323

325

341

349

407

410

PASTORES Y PREDICADORES
JUAN CRISÓSTOMO
EL MEJOR PREDICADOR DE LA IGLESIA PRIMITIVA

«La predicación me mejora. Cuando comienzo a hablar, el cansancio desaparece; cuando empiezo a enseñar, la fatiga también desaparece».

«Es una tontería y una locura llenar los armarios con ropa», exhortó Juan de Antioquía a la congregación, «y permitir que los hombres creados a imagen y semejanza de Dios permanezcan desnudos y temblando de frío para que apenas puedan sostenerse en pie».

La predicación elocuente e intransigente era típica de Juan y le valió el nombre con el que la historia lo recordaría: Crisóstomos («boca de oro»). Pero su predicación, aunque considerada la mejor en la iglesia primitiva, fue lo que lo metió en problemas y lo condujo a su inoportuna muerte.

97

Asunto de las estatuas

Juan fue criado en Antioquía, un importante centro intelectual de la antigüedad tardía, por su madre viuda, Antusa, una piadosa mujer cristiana. Su tutor era Libanius, el famoso retórico pagano que había sido profesor tanto en Atenas como en Constantinopla.

Después de su educación, como muchos hombres devotos de su época, el espigado Juan (era bajo, delgado y de extremidades largas) entró en reclusión monástica. Pero sus rigores ascéticos fueron tan extenuantes que dañaron su salud (los efectos durarían toda su vida) y se vio obligado a regresar a la vida pública. Rápidamente pasó de lector a diácono a sacerdote en la iglesia en Antioquía.

Durante este tiempo, escribió *Sobre el sacerdocio*, una justificación de su propio retraso para ingresar al sacerdocio, pero también una mirada madura a los peligros y las posibilidades del ministerio: «No sé si alguien ha tenido éxito en no disfrutar los elogios», escribió en un pasaje. «Y si los disfruta, naturalmente quiere recibirlos. Y si quiere recibirlos, no puede evitar sentirse dolido y angustiado por perderlos».

Fue en Antioquía donde comenzó a ser notoria la predicación de Crisóstomo, especialmente después de lo que se ha llamado el «asunto de las estatuas».

En la primavera de 388, una rebelión estalló en Antioquía por el anuncio del aumento de los impuestos. Las estatuas del emperador y su familia fueron profanadas. Los funcionarios imperiales respondieron castigando a los líderes de la ciudad, matando a algunos; el arzobispo Flavio se apresuró a la capital en Constantinopla, a unos 1300 kilómetros de distancia, para rogarle al emperador su clemencia.

En ausencia de Flavio, Juan predicó a la ciudad aterrorizada: «Mejoren ahora verdaderamente, no como cuando durante uno de los numerosos terremotos o en la hambruna o la sequía o en visitas similares dejan de pecar durante tres o cuatro días y luego retoman las viejas costumbres». Cuando ocho semanas después, Flavio regresó con la buena noticia del perdón del emperador, la reputación de Juan estaba por las nubes.

A partir de entonces, tuvo gran demanda como predicador. Predicó a través de muchos libros de la Biblia, aunque tenía sus favoritos: «Me gustan todos los santos, pero San Pablo sobre todos, ese vaso de elección, la trompeta del cielo». En sus sermones, denunció el aborto, la prostitución, la glotonería, el teatro y las malas palabras. Sobre el amor por las carreras de caballos, declaró: «¡Mis sermones son aplaudidos simplemente por costumbre, luego todos corren [a las carreras de caballos] nuevamente y dan muchos más aplausos a los jinetes, ¡mostrando una pasión sin límites por ellos! Allí ponen gran atención y exclaman con rivalidad mutua: "Este caballo no corrió bien, este tropezó", y uno se aferra a este jinete y otro a aquel. Nadie piensa más en mis sermones, ni en los santos e impresionantes misterios que se expresan aquí».

Su gran cabeza calva, ojos profundamente hundidos y mejillas hundidas hacían que la gente recordara al profeta Eliseo. Aunque a sus sermones (que duraban entre 30 minutos y dos horas) asistía mucha gente, a veces se desanimaba: «Mi trabajo es como el de un hombre que está tratando de limpiar un terreno en el que fluye constantemente una corriente fangosa».

Al mismo tiempo, decía: «La predicación me mejora. Cuando comienzo a hablar, el cansancio desaparece; cuando empiezo a enseñar, la fatiga también desaparece».

Secuestrado y llevado a Constantinopla

A principios del año 398, Juan fue capturado por soldados y transportado a la capital, donde fue consagrado por la fuerza como arzobispo de Constantinopla. Su secuestro fue organizado por un funcionario del gobierno que quería adornar la iglesia de la ciudad capital con el mejor orador del cristianismo. En lugar de rebelarse contra la injusticia, Juan la aceptó como la providencia de Dios.

Y en lugar de suavizar sus palabras para su nueva y prestigiosa audiencia, que ahora incluía a muchos de la familia imperial, Juan continuó con los temas que predicó en Antioquía. Él criticó los abusos de riqueza y poder. Incluso su propio estilo de vida fue un escándalo: vivió una vida ascética, utilizó su considerable presupuesto familiar para atender a los pobres y construyó hospitales.

Continuó predicando contra los grandes pecados públicos. En un sermón contra el teatro, por ejemplo, dijo: «Mucho después de que el teatro está cerrado y todos se han ido, esas imágenes [de actrices, de "mujeres vergonzosas"] todavía se presentan ante tu alma, sus palabras, su conducta, sus miradas. Su caminar, sus posiciones, su excitación, sus extremidades incautas [...]. ¡Y allí dentro de ti encienden el horno babilónico en el que se quemará la paz de tu hogar, la pureza de tu corazón, la felicidad de tu matrimonio!».

Su falta de tacto y habilidad política le generaron demasiados enemigos, en la familia imperial y entre los demás obispos. Por razones demasiado complejas para elaborar, Teófilo, el arzobispo de Alejandría, pudo convocar un consejo fuera de Constantinopla y, bajo la acusación de herejía, hizo destituir a Juan del cargo. Juan fue enviado al exilio por la emperatriz Eudoxia y el emperador Arcadio.

Juan fue transportado a través de las llanuras de Asia Menor en pleno verano, y casi de inmediato su salud comenzó a fallarle. Fue visitado por seguidores leales, y escribió cartas de aliento a otros: «Cuando veas a la Iglesia dispersa, sufriendo las pruebas más terribles, a sus miembros más ilustres perseguidos y azotados, a su líder llevado

100

al exilio, no consideres solo estos eventos, sino también las cosas que han resultado: las recompensas, los premios para el atleta que gana en los juegos y los galardones ganados en el concurso».

En la costa oriental del Mar Negro, en los bordes del imperio, su cuerpo se rindió y murió.

Treinta y cuatro años después, tras la muerte de los principales enemigos de Juan, sus reliquias fueron devueltas en triunfo a la capital. El emperador Teodosio II, hijo de Arcadio y Eudoxia, pidió públicamente perdón por los pecados de sus padres.

Más tarde se le dio el título de «Doctor de la Iglesia» debido al valor de sus escritos (sobreviven 600 sermones y 200 cartas). Junto con Basilio el Grande, Gregorio de Nazianzo y Atanasio, es considerado uno de los más grandes padres de la iglesia oriental.

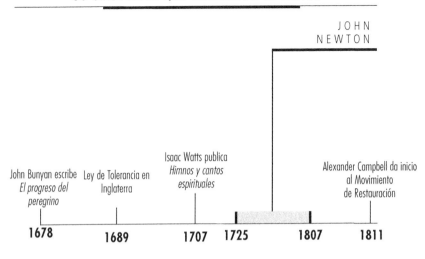

JOHN
NEWTON

John Bunyan escribe *El progreso del peregrino*

Ley de Tolerancia en Inglaterra

Isaac Watts publica *Himnos y cantos espirituales*

Alexander Campbell da inicio al Movimiento de Restauración

1678   1689   1707   1725   1807   1811

PASTORES Y PREDICADORES

JOHN NEWTON

TRAFICANTE DE ESCLAVOS REFORMADO

«Sublime gracia del Señor, que a un infeliz salvó».

Es probablemente el himno más famoso de la historia:

Sublime gracia del Señor,
Que a un infeliz salvó.
Fui ciego mas hoy miro yo,
Perdido y Él me halló.

Aunque algunos hoy se preguntan si la palabra infeliz es una hipérbole o una licencia dramática, John Newton, el autor de la canción, claramente no lo consideraba así.

Traficante de esclavos

Newton fue criado por una madre cristiana que le enseñó la Biblia a una edad temprana, pero fue criado a imagen de su padre después de que ella murió de tuberculosis cuando Newton tenía 7 años. A los 11 años, Newton realizó su primero de seis viajes por mar con el capitán de la marina mercante.

Newton perdió su primer trabajo, en la oficina de un comerciante, debido a «comportamiento inestable e impaciencia», un patrón que persistiría durante años. Pasó sus últimos años de adolescencia en el mar antes de ser presionado para unirse a la marina a bordo del H. M. S. Harwich en 1744. Newton se rebeló contra la disciplina de la Royal Navy y desertó. Fue atrapado, puesto en grilletes y azotado. Finalmente convenció a sus superiores para que lo descargaran en un barco esclavista. Abrazó los principios de pensamiento libre, permaneció arrogante e insubordinado, y vivió con abandono moral: «Pequé con mano abierta», escribió más tarde, «e hice de tentar y seducir a otros mi pasatiempo».

Trabajó con un traficante de esclavos llamado Clow, quien era dueño de una plantación de limoneros en una isla al oeste de África. Pero fue tratado cruelmente por Clow y la amante africana del esclavista; pronto la ropa de Newton se convirtió en harapos, y Newton se vio obligado a rogar por comida para calmar su hambre.

El perezoso marinero fue transferido al servicio del capitán del Greyhound, un barco de Liverpool, en 1747, y en su viaje de regreso, el barco fue alcanzado por una enorme tormenta. Newton había estado leyendo *La imitación de Cristo* de Thomas a Kempis, y le llamó la atención una línea sobre la «continuidad incierta de la vida». También recordó el pasaje en Proverbios: «Por cuanto llamé, y no quisisteis oír [...]. También yo me reiré en vuestra calamidad». Se convirtió durante la tormenta, aunque admitió más tarde: «No puedo considerarme creyente, en el sentido completo de la palabra».

Newton después sirvió como compañero y luego como capitán de varios barcos de esclavos, esperando como cristiano contener los peores excesos de la trata de esclavos, «promoviendo la vida de Dios en el alma» tanto de su tripulación como de su cargamento africano.

Sublime himnario

Después de abandonar el mar por un trabajo de oficina en 1755, Newton realizó estudios bíblicos en su casa de Liverpool. Influenciado por los Wesley y George Whitefield, adoptó puntos de vista calvinistas moderados y se disgustó cada vez más con el comercio de esclavos y su papel en él. Renunció, fue ordenado al ministerio anglicano, y en 1764 tomó una parroquia en Olney, Buckinghamshire.

Tres años después de la llegada de Newton, el poeta William Cowper se mudó a Olney. Cowper, un poeta experto que experimentó episodios de depresión, se convirtió en un ayudante laico en la pequeña congregación.

En 1769, Newton comenzó un servicio de oración los jueves por la noche. Para casi cada uno de los servicios, cada semana, escribía un himno para cantarlo con una melodía familiar. Newton también desafió a Cowper para que escribiera himnos para estas reuniones, lo que hizo hasta que cayó gravemente enfermo en 1773. Newton más tarde combinó 280 de sus propios himnos con 68 de los de Cowper en lo que se convertiría en los populares Himnos de Olney. Entre los himnos conocidos de él están «Sublime gracia», «Cosas gloriosas sobre ti se hablan», «Cuán dulce es el nombre de Jesús», «Caminar cerca de Dios» y «Hay una fuente carmesí».

En 1787, Newton escribió *Pensamientos sobre el comercio de esclavos africanos* para ayudar en la campaña de William Wilberforce de poner fin a la práctica: «Un negocio por el que mi corazón ahora se estremece», escribió. El recuerdo de ese capítulo de su vida nunca lo abandonó, y en su vejez, cuando se le sugirió a Newton, cada vez más débil, que se retirara, respondió: «No puedo parar. ¿Qué? ¿Se detendrá el viejo blasfemo africano mientras pueda hablar?».

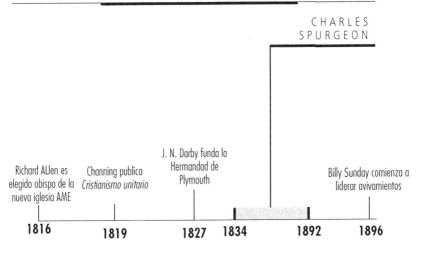

CHARLES
SPURGEON

Richard ALlen es
elegido obispo de la
nueva iglesia AME

Channing publica
Cristianismo unitario

J. N. Darby funda la
Hermandad de
Plymouth

Billy Sunday comienza a
liderar avivamientos

1816   **1819**   **1827**   **1834**   **1892**   **1896**

CHARLES SPRUGEON

EL MEJOR PREDICADOR DEL SIGLO XIX

*«Tal vez soy vulgar, pero no es intencional, salvo que debo
y haré que la gente escuche».*

Cuando Charles Spurgeon murió en enero de 1892, Londres se
puso de luto. Casi 60 000 personas acudieron a rendir homenaje
durante los tres días que su cuerpo permaneció en el Tabernáculo
Metropolitano.

Unas 100 000 personas se alinearon en las calles en un desfile
fúnebre de tres kilómetros de largo que siguió su coche fúnebre desde
el Tabernáculo hasta el cementerio. Las banderas ondearon a media
asta y las tiendas y bares cerraron.

Todo esto por un ministro victoriano, que también resultó ser el
predicador más extraordinario de su época.

Bautista calvinista

Spurgeon nació en Kelvedon, Essex, en una familia de clérigos. Su padre y su abuelo eran ministros inconformistas (lo que significa que no eran anglicanos), y los primeros recuerdos de Spurgeon incluían mirar las imágenes de *El progreso del peregrino* y de *El libro de los mártires* de Fox.

Su educación formal fue limitada, incluso para los estándares del siglo XIX: asistió a escuelas locales durante algunos años, pero nunca obtuvo un título universitario. Vivió en Cambridge por un tiempo, donde combinó los roles de erudito y a maestro sistente y fue educado brevemente en griego. Aunque evitó la educación formal, toda su vida valoró el aprendizaje y los libros, especialmente los de los teólogos puritanos, y su biblioteca personal finalmente superó los 12 000 volúmenes.

A los quince años, Spurgeon rompió con la tradición familiar al convertirse en bautista. Él atribuyó esta conversión a un sermón escuchado por «casualidad», cuando una tormenta de nieve lo llevó lejos de su destino a una capilla metodista primitiva. La experiencia obligó a Spurgeon a reevaluar su idea sobre, entre otras cosas, el bautismo infantil. En cuatro meses fue bautizado y se unió a una iglesia bautista. Sin embargo, su teología seguía siendo más o menos calvinista, aunque le gustaba considerarse a sí mismo como un «mero cristiano».

«Nunca me avergüenza declararme calvinista», dijo una vez. «No dudo en tomar el nombre de Bautista, pero si me preguntan cuál es mi credo, respondo: "Es Jesucristo"».

La sensación de la predicación

Todavía adolescente, Spurgeon comenzó a predicar en la zona rural de Cambridgeshire. Rápidamente llenó los bancos en su primer pastorado en el pueblo de Waterbeach. Tenía una apariencia juvenil que contrastaba marcadamente con la madurez de sus sermones. Tenía buena memoria y siempre hablaba extemporáneamente desde un bosquejo.

Su energía y habilidades oratorias y su voz armoniosa le valieron tal reputación que en un año y medio fue invitado a predicar en Londres, en la histórica capilla de New Park Street. La congregación de 232 personas estaba tan impresionada que votó por él para que predicara otros seis meses. Se mudó a la ciudad y nunca se fue.

A medida que se corría la voz de sus habilidades, fue invitado a predicar en todo Londres y la nación. Ninguna capilla parecía lo suficientemente grande como para albergar a aquellos que querían escuchar a «la sensación de la predicación de Londres». Predicó a decenas de miles en los grandes salones de Londres: *Exeter, Surry Gardens, Agricultural*. En 1861, su congregación, que seguía extendiendo su llamado, se mudó al nuevo Tabernáculo Metropolitano, que albergaba a 5600 personas.

En el centro de la controversia

Spurgeon no pasó desapercibido en la prensa secular. Por un lado, sus sermones se publicaban en la edición del lunes del *London Times* e incluso del *New York Times*. Por otro lado, fue criticado severamente por protestantes más tradicionales. Su estilo dramático (recorría la plataforma, representaba historias bíblicas y llenaba sus sermones con cuentos sentimentales de niños moribundos, padres afligidos y rameras arrepentidas) ofendió a muchos, y fue llamado «el demagogo de *Exeter Hall*» y «el bufón del púlpito».

Spurgeon respondió: «Quizás soy vulgar, pero no es intencional, salvo que debo y haré que la gente escuche. Mi firme convicción es que hemos tenido suficientes predicadores educados».

No solo su estilo, sino también sus convicciones crearon controversia. Nunca retrocedió ante la predicación fuerte: en un sermón sobre Hechos 26:28, dijo: «Estar casi convencido de ser cristiano es como el hombre que casi es perdonado, pero fue ahorcado; como el hombre que casi es rescatado, pero se quemó en la casa. Un hombre que está casi salvado está condenado».

En ciertos temas, era incapaz de moderarse: Roma, ritualismo, hipocresía y modernismo, el último de los cuales se convirtió en el centro de una controversia que marcaría sus últimos años en el ministerio.

La «Controversia del Declive», como se conoció, comenzó en 1887 cuando Spurgeon comenzó a afirmar públicamente que algunos de sus colegas ministros bautistas estaban «rebajando» la fe. Esto fue a fines del siglo XIX, cuando el darwinismo y la erudición bíblica crítica obligaron a muchos cristianos a reevaluar su comprensión de la Biblia. Spurgeon creía que el tema no era de interpretación, sino de lo esencial de la fe. Él proclamó en su publicación mensual *The Sword and the Trowel* [La espada y la paleta]: «Nuestra guerra es con hombres que están renunciando al sacrificio expiatorio, negando la inspiración de la Sagrada Escritura y lanzando insultos sobre la justificación por la fe».

La controversia hizo mella en la denominación (que censuró a Spurgeon) y en Spurgeon, cuya salud ya delicada se deterioró aún más durante el conflicto de un año (sufrió, entre otras cosas, depresiones recurrentes y gota).

Sin embargo, las contribuciones de Spurgeon fueron mayores que su púlpito. Estableció casas de limosnas y un orfanato, y su Pastor's College, inaugurado en 1855, continúa hasta nuestros días. Predicó su último sermón en junio de 1891 y murió seis meses después.

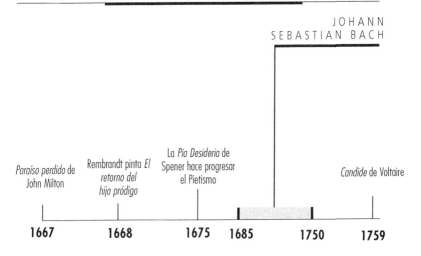

JOHANN
SEBASTIAN BACH

Paraíso perdido de John Milton

Rembrandt pinta *El retorno del hijo pródigo*

La *Pia Desideria* de Spener hace progresar el Pietismo

Candide de Voltaire

| 1667 | 1668 | 1675 | 1685 | 1750 | 1759 |

MÚSICOS, ARTISTAS Y ESCRITORES

JOHANN SEBASTIAN BACH

«EL QUINTO EVANGELISTA»

«En una interpretación reverente de música, Dios siempre está cerca con Su presencia de gracia».

Cuando tenía 48 años, Johann Sebastian Bach adquirió una copia de la traducción de la Biblia en tres volúmenes de Lutero. La examinó como si fuera un tesoro perdido hace mucho tiempo. Subrayó pasajes, corrigió errores en el texto y comentarios, insertó palabras faltantes e hizo notas en los márgenes. Cerca de 1 Crónicas 25 (una lista de músicos davídicos) escribió: «Este capítulo es el verdadero fundamento de toda la música que agrada a Dios». En 2 Crónicas 5:13 (que habla de músicos del templo alabando a Dios), señaló: «En una interpretación reverente de música, Dios siempre está cerca con Su presencia de gracia».

Como dijo un erudito, el músico Bach era «un cristiano que vivía con la Biblia». Además de ser el mejor organista y compositor de la era

111

barroca y uno de los genios más productivos en la historia de la música occidental, Bach también fue un teólogo que trabajaba con un teclado.

Genio desde pequeño

Nació y estudió en Eisenach, Turingia (en la misma escuela a la que asistió Lutero), parte de una familia que en siete generaciones produjo 53 músicos prominentes. Johann Sebastian recibió su primera instrucción musical de su padre, Johann Ambrosius, un músico de la ciudad. A los diez años, Bach quedó huérfano y se fue a vivir y estudiar con su hermano mayor, Johann Christoph, un organista de Ohrdruf.

A los quince años, Bach estaba listo para establecerse en el mundo musical, e inmediatamente mostró un inmenso talento en una variedad de áreas. Se convirtió en soprano (a las mujeres no se les permitía cantar en la iglesia) en el coro de la Iglesia de San Miguel de Lüneburg. Tres años después, era violinista en la orquesta de cámara del príncipe Johann Ernst de Weimar. Después de unos meses, se mudó a Arnstadt para convertirse en organista de la iglesia.

En octubre de 1705, Bach fue invitado a estudiar durante un mes con el renombrado organista y compositor alemán danés Dietrich Buxtehude. Bach estaba tan enamorado de su maestro que alargó la visita a dos meses. Cuando regresó a su iglesia, fue severamente criticado por incumplimiento de contrato y, en las semanas siguientes, por su nuevo órgano floreciente y armonías que acompañaron el canto congregacional. Pero ya era demasiado respetado para ser despedido.

En 1707 se casó con una prima segunda, Maria Barbara Bach, y fue a Mülhausen para ser organista en la Iglesia de San Blasio. Después de varias mudanzas y trabajos destacados, finalmente se estableció en Leipzig en 1723, donde permaneció por el resto de su vida.

María murió en 1720, y al año siguiente se casó con Anna Magdalena Wilcken, una cantante destacada. Ella le dio 13 hijos, además de los siete que había tenido con María, y ayudó a copiar su música para artistas.

Entorno amargo, trabajo brillante

La estancia de Bach en Leipzig, como director musical y director de coro de la iglesia y escuela de Saint Thomas, no siempre fue feliz. Se peleaba continuamente con el ayuntamiento, y ni el consejo ni la población apreciaban su genio musical. Dijeron que era un viejo que se aferraba obstinadamente a formas de música obsoletas. En consecuencia, le pagaron un salario miserable, y cuando murió, incluso se confabularon para defraudar a su viuda de su escasa herencia.

Irónicamente, en este escenario, Bach escribió su música más duradera. Durante un tiempo escribió una cantata cada semana (hoy, un compositor que escribe una cantata al año es muy elogiado), 202 de las cuales sobreviven. La mayoría concluye con un coral basado en un simple himno luterano, y la música está en todo momento estrechamente vinculada a los textos bíblicos. Entre estas obras se encuentran la *Cantata Ascensión* y el *Oratorio de Navidad*.

En Leipzig también compuso su épica *Misa en si menor*, *La pasión de San Juan* y *La pasión de San Mateo*, todas para su uso en servicios de adoración. La última pieza a veces se ha llamado «el logro cultural supremo de toda la civilización occidental», e incluso el escéptico radical Friedrich Nietzsche (1844-1900) admitió al escucharla: «Alguien que ha olvidado completamente el cristianismo realmente lo escucha aquí como un evangelio».

Avivamiento de Bach

Después de la muerte de Bach, la gente parecía contenta de limpiarse los oídos de su música. Fue recordado menos como compositor que como organista y clavecinista. Se vendió parte de su música y, según los informes, parte se usó para envolver basura. Durante los siguientes 80 años, su música fue descuidada por el público, aunque algunos músicos (Mozart y Beethoven, por ejemplo) la admiraban. No fue sino hasta 1829, cuando el compositor alemán Felix

Mendelssohn arregló una presentación de *La pasión de San Mateo*, que el público apreció a Bach, el compositor.

En términos de música pura, Bach se ha hecho conocido como alguien que puede combinar el ritmo de las danzas francesas, la gracia de la canción italiana y la complejidad del contrapunto alemán, todo en una sola composición. Además, Bach podía escribir equivalentes musicales de ideas verbales, como ondular una melodía para representar el mar.

Pero la música nunca fue solo música para Bach. Casi las tres cuartas partes de sus 1000 composiciones fueron escritas para su uso en la adoración. Entre su genio musical, su devoción a Cristo y el efecto de su música, se le conoce en muchos círculos como «el quinto evangelista».

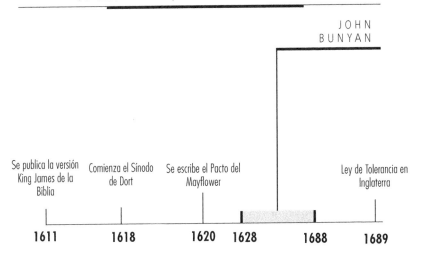

JOHN
BUNYAN

Se publica la versión
King James de la
Biblia

Comienza el Sínodo
de Dort

Se escribe el Pacto del
Mayflower

Ley de Tolerancia en
Inglaterra

1611 **1618** **1620** **1628** **1688** **1689**

MÚSICOS, ARTISTAS Y ESCRITORES
JOHN BUNYAN
EL PEREGRINO QUE PROGRESÓ EN PRISIÓN

«Vi a un hombre vestido con harapos […] un libro en su mano y una gran carga sobre su espalda».

Los escritores ingleses exitosos eran, en los días de John Bunyan, casi sinónimo de riqueza. Hombres como Richard Baxter y John Milton podían darse el lujo de escribir porque no necesitaban ganarse la vida. Pero Bunyan, un comerciante ambulante como su padre, estaba casi sin dinero antes de convertirse en el autor más famoso de Inglaterra. Su esposa también era pobre, tenía solo dos libros puritanos como dote.

«Nos casamos siendo extremadamente pobres», escribió Bunyan, «no teníamos artículos para el hogar, solo un plato y una cuchara entre los dos».

Lo que le permitió a Bunyan convertirse en el autor de uno de los libros más vendidos y amados en el idioma inglés fue un evento que empeoró su situación: un encarcelamiento de 12 años.

Tentaciones tempranas

Nacido en Elstow, Bedfordshire, Bunyan se casó a los 21 años. Los libros que su esposa trajo al matrimonio comenzaron un proceso de conversión. Poco a poco, abandonó las recreaciones como bailar, tocar las campanas y practicar deportes; comenzó a asistir a la iglesia y luchó contra las tentaciones. «Una mañana, mientras yacía en la cama», escribió en su autobiografía, «fui, como en otras ocasiones, asaltado con esta tentación: traicionar a Cristo y separarme de Él; la sugerencia perversa todavía se me viene a la mente: traiciónalo, traiciónalo, traiciónalo, traiciónalo, traiciónalo, tan rápido como un hombre pueda hablar».

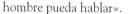

Bunyan se sintió atraído por la comunión cristiana que vio entre «tres o cuatro mujeres pobres sentadas en una puerta [...] hablando sobre las cosas de Dios». También se hizo amigo de John Gifford, ministro de una iglesia separatista en Bedford.

El comerciante se unió a la iglesia y en cuatro años atraía multitudes «de todas partes» como ministro laico. «Me encadené para predicarles a los encadenados», dijo, «y llevé ese fuego en mi propia conciencia para convencerlos de tener cuidado de él».

Prisión: una bendición mixta

El ascenso de Bunyan como predicador popular coincidió con la restauración de Carlos II. La libertad de culto que los separatistas habían disfrutado durante 20 años terminó rápidamente; los que no se ajustaran a la iglesia de Inglaterra serían arrestados. Para enero de 1661, Bunyan estaba preso en la cárcel del condado.

El peor castigo, para Bunyan, fue ser separado de su segunda esposa (la primera había muerto en 1658) y sus cuatro hijos. «La despedida [...] a menudo me hace sentir como si arrancaran la carne de mis huesos», escribió. Trató de mantener a su familia haciendo «cientos de gruesas de cordones para zapatos» mientras estaba encarcelado, pero dependía principalmente de «la caridad de las personas» para su bienestar.

Bunyan podría haberse liberado prometiendo no predicar, pero se negó. Dijo a los magistrados locales que preferiría permanecer en prisión hasta que creciera musgo en sus párpados que no hacer lo que Dios le ordenó.

Aun así, el encarcelamiento no fue tan malo como algunos imaginaban. Se le permitieron visitas, pasó algunas noches en casa e incluso viajó una vez a Londres. El carcelero le permitió ocasionalmente predicar en «asambleas ilegales» reunidas en secreto. Más importante aún, el encarcelamiento le dio el incentivo y la oportunidad de escribir. Escribió al menos nueve libros entre 1660 y 1672 (escribió otros tres, dos contra los cuáqueros y el otro un trabajo expositivo, antes de su arresto).

Meditaciones provechosas, El comportamiento cristiano (un manual sobre buenas relaciones) y *La ciudad santa* (una interpretación de Apocalipsis) fueron seguidos por *Gracia abundante para el más vil de los pecadores,* considerada la mejor autobiografía puritana. Pero de 1667 a 1672, Bunyan probablemente pasó la mayor parte de su tiempo en su mayor legado, *El progreso del peregrino.*

El éxito del peregrino

Carlos II finalmente cedió en 1672, emitiendo la Declaración de Indulgencia. Bunyan fue liberado, licenciado como Ministro congregacional, y llamado a ser pastor de la iglesia de Bedford. Cuando se renovó la persecución, Bunyan fue nuevamente encarcelado por seis meses. Después de su segunda liberación, se publicó *El progreso del peregrino*. «Vi a un hombre vestido con harapos [...] un libro en su mano y una gran carga sobre su espalda». Así comienza la historia alegórica que describe el proceso de conversión de Bunyan. Peregrino, como Bunyan, es un chapucero. Vaga de la Ciudad de la Destrucción a la Ciudad Celestial, una peregrinación que se dificulta por la carga del pecado (un yunque en su espalda), el Pantano de la Desconfianza, la Feria de las Vanidades y otras estaciones alegóricas similares.

El libro se hizo popular inmediatamente entre todas las clases sociales. Su primer editor, Charles Doe, señaló que en 1692 ya se habían impreso 100 000 copias. Samuel Taylor Coleridge lo llamó, «la mejor *Summa Theologicae Evangelicae* jamás producida por un escritor que no fue inspirado milagrosamente». Todos los hogares ingleses que poseían una Biblia también poseían la famosa alegoría. Finalmente, se convirtió en el libro más vendido (aparte de la Biblia) en la historia editorial.

El libro le dio a Bunyan gran fama, y aunque continuó pastoreando la iglesia de Bedford, también predicó regularmente en Londres y continuó escribiendo. *La vida y muerte del Sr. Badman* (1680) fue llamada la primera novela inglesa (ya que es menos una alegoría que *El progreso del peregrino*), y fue seguida por otra alegoría, *La guerra santa*. También publicó varias obras doctrinales y controversiales, un libro de versos y un libro para niños.

A los 59 años, Bunyan era uno de los escritores más famosos de Inglaterra. Llevó a cabo sus tareas de pastor y fue apodado «Obispo Bunyan». En agosto de 1688, cabalgó a través de fuertes lluvias para reconciliar a un padre y un hijo, se enfermó y murió.

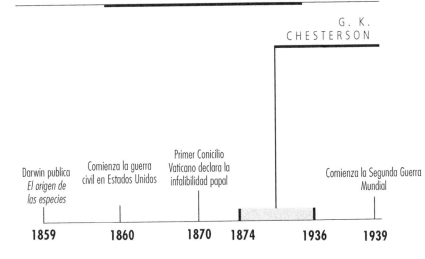

G. K.
CHESTERSON

| Darwin publica *El origen de las especies* | Comienza la guerra civil en Estados Unidos | Primer Conicilio Vaticano declara la infalibilidad papal | | Comienza la Segunda Guerra Mundial |

1859   1860   1870   1874   1936   1939

MÚSICOS, ARTISTAS Y ESCRITORES

G. K. CHESTERSON

EL ENORME ENSAYISTA, POETA Y ESCRITOR

«*¿Qué podemos ser sino frívolos ante cosas serias? Sin frivolidad, son simplemente demasiado tremendas*».

La vida de Gilbert Keith Chesterton, como todas, no debe resumirse en una sola palabra. Aun así, una palabra resalta en sus biografías: *enorme*. «Pesaba cerca de los 180 kilogramos», señaló un chofer, en cuya puerta del auto Chesterton se atascó, «pero él nunca lo admitiría». Chesterton tomó su dilema, como cualquier otro tema imaginable, con humor. Dijo que habría tratado de salir del auto de lado, pero «no tengo lado».

El marco gigantesco de Chesterton tenía en su interior una mente gigantesca, y por esta razón, más que por su obesidad, se le llama *enorme*. Un crítico señaló: «Chesterton es reconocido por los ensayistas como el mejor de los ensayistas; por poetas como un magnífico poeta; por humoristas como humorista de tremenda versatilidad; por filósofos como filósofo profundo; por los polémicos como un mortal pero amable maestro de la controversia; por economistas políticos como un hombre de profundas ideas políticas; por los novelistas como el novelista más capaz; y por los teólogos como alguien que, a veces, podía ver la profundidad de las verdades teológicas mejor que ellos».

El comentarista despistado

«Lamento no tener un padre sombrío y salvaje que ofrecerle a la mirada pública como la verdadera causa de toda mi trágica herencia», escribió Chesterton sobre sus inicios, «y de que no puedo cumplir con mi deber, como un verdadero moderno, de maldecir a todos quienes me hicieron lo que soy». Chesterton, nacido y educado en Londres, primero quería ser artista. De hecho, produjo pinturas e ilustraciones a lo largo de su carrera de escritor. Pero mientras crecía, se le consideraba principalmente un burro distraído. Una vez paseó por el patio de recreo durante la clase, explicando que pensaba que era sábado. Sus maestros le creyeron. Su distracción continuó durante toda su vida, incluso después de que fue aclamado como uno de los genios más grandes de su época. Una vez telegrafió a su esposa: «Estoy en Market Harborough. ¿Dónde debería estar?». Ella respondió: «En casa».

Pero el genio distraído amaba las paradojas y era considerado un maestro de ese género:

«Cualquier cosa que valga la pena hacer, vale la pena hacerla mal».

«¿Sobre qué temas mas que sobre temas serios pueden hacer se bromas?».

«La palabra ortodoxia ya no significa tener razón; prácticamente significa estar equivocado».

«El vicio requiere vírgenes».

«¿Qué podemos ser sino frívolos ante cosas serias? Sin frivolidad, son simplemente demasiado tremendas».

Estos no eran simples juegos de palabras: Chesterton veía el sin-sentido de la paradoja como una «afirmación suprema de la verdad»: «Los críticos halagaron casi siempre lo que les agradó llamar mis brillantes paradojas», admitió, «hasta que descubrieron que realmente quería decir lo que dije».

Estos y otros epigramas llenan los 70 libros de Chesterton, cientos de columnas de periódicos e innumerables escritos, incluidos los de su propia revista, G. K.'s Weekly. Sin embargo, se le considera «un maestro sin una obra maestra», ya que no hay un logro supremo en su crítica social, crítica literaria, tratados teológicos o novelas.

Aunque muchas de sus obras ahora están olvidadas, han dejado un legado en el mundo. Mahatma Gandhi se inspiró en uno de sus ensayos en *Illustrated News* de Londres para nacionalizar la India con un ambiente claramente no occidental. George Orwell tomó prestada la fecha 1984 de una de las novelas de Chesterton. Las obras apologéticas de Chesterton fueron clave en la conversión de C. S. Lewis, y su estilo lúdico fue adoptado por ese escritor. El poeta T. S. Eliot comentó que él «hizo más que cualquier otro hombre en su tiempo […] para mantener la existencia de la minoría [cristiana] en el mundo moderno».

Y lo hizo todo con jovialidad, incluso en trabajos apologéticos como la *Ortodoxia* (1908), la teoría histórica en *El hombre eterno* (1925) y la biografía teológica en *Santo Tomás de Aquino* (1933). Cualquier tema puede parecer tan «aburrido como el agua de la zanja», escribió, pero agregó, «los naturalistas con microscopios me han dicho que el agua de la zanja está llena de diversión».

Atraído a Roma

Nacido y criado en la Iglesia de Inglaterra, Chesterton estuvo fascinado por mucho tiempo con el catolicismo romano. Al interrogar a un sacerdote de Yorkshire con «algunas preguntas sociales bastante sórdidas sobre el vicio y el crimen», se sorprendió al descubrir la profunda comprensión del mal por parte del clérigo. Luego agregó al sacerdote en sus obras de ficción más conocidas, *Los relatos del padre Brown* (1911-1935).

En 1922, Chesterton dejó Canterbury para ir a Roma. El catolicismo, afirmó, fue la única iglesia que «se atrevió a ir conmigo a las profundidades de mí mismo». Se habría convertido antes, le dijo a las hordas de protestantes conmocionados, pero estaba «demasiado asustado de la tremenda Realidad que había sobre altar».

A su conversión le siguieron algunos libros sobre temas confesionales, incluidos algunos ataques al puritanismo y la Reforma. «Pero en general», agrega rápidamente un erudito evangélico protestante, «no ha habido un defensor más articulado del cristianismo clásico, la virtud y la decencia».

Poco después de escribir su autobiografía, Chesterton cayó enfermo y murió. Autores desde T. S. Eliot (quien escribió su obituario) a H. G. Wells, un viejo amigo y oponente en debate, expresaron su dolor. Después del funeral, el papa Pío XI declaró al rubicundo escritor «Defensor de la Fe», un título tan cierto para los protestantes como para los católicos.

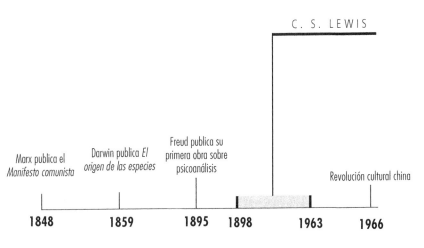

C. S. LEWIS

Marx publica el
Manifesto comunista

Darwin publica *El
origen de las especies*

Freud publica su
primera obra sobre
psicoanálisis

Revolución cultural china

1848 1859 1895 1898 1963 1966

MÚSICOS, ARTISTAS Y ESCRITORES

C. S. LEWIS

ERUDITO, AUTOR Y APOLOGISTA

«La vida intelectual no es el único camino a Dios, ni el más seguro, pero consideramos que es un camino, y puede ser el camino designado para nosotros. Por supuesto, será solo mientras mantengamos el impulso puro y desinteresado».

«Soy alto, gordo, bastante calvo, pelirrojo, de doble barbilla, pelo negro, tengo una voz profunda y uso anteojos para leer», escribió Clive Staples Lewis a un joven admirador en 1954. Si el famoso autor hubiera sido propenso a notar su ropa, podría haber agregado que sus pantalones generalmente necesitaban urgentemente ser planchados, sus chaquetas estaban raídas y manchadas de comida y sus zapatos raspados y gastados en los talones.

Pero a «Jack», como conocían los amigos a C. S. Lewis, no le molestaba la moda. Fue meticuloso sobre el uso preciso de las palabras, la calidad de la evidencia presentada en los argumentos y el ritmo en el verso. Y es por sus libros e ideas que el erudito de Oxford es recordado como uno de los más grandes escritores cristianos del siglo xx.

Criado en una biblioteca

Lewis nació en una familia lectora y protestante en Belfast, Irlanda. Eclécticos en sus gustos de lectura, compraron y leyeron un «interminable» número de libros. «Había libros en el estudio, libros en el comedor, libros en el guardarropa, libros en la gran estantería en el rellano, libros en una habitación, libros apilados hasta mi hombro en el ático, libros de todo tipo», recordó Lewis, y ninguno estaba fuera de su alcance. En los días lluviosos, y había muchos en Irlanda del Norte, sacaba volúmenes de las estanterías y entraba en mundos creados por autores como Conan Doyle, E. Nesbit, Mark Twain y Henry Wadsworth Longfellow.

Después de que su único hermano, Warren, fuera enviado a un internado inglés en 1905, Jack se volvió un poco solitario. Pasó más tiempo en los libros y en un mundo imaginario de «animales vestidos» y «caballeros con armadura». Pero hizo más que leer libros, escribió e ilustró sus propias historias también.

La muerte de su madre por cáncer en 1908 lo hizo aún más retraído. La muerte de la Sra. Lewis se produjo solo tres meses antes del décimo cumpleaños de Jack, y el joven fue herido profundamente por su fallecimiento. No solo perdió a una madre, sino que su padre nunca se recuperó por completo de su muerte. Ambos muchachos se sentían separados de su padre, y la vida en el hogar nunca fue cálida y satisfactoria de nuevo.

La muerte de la señora Lewis convenció al joven Jack de que el Dios que encontró en la Biblia y que su madre le mostró era, si no cruel, al menos una vaga abstracción. Para 1911 o 1912, con la influencia adicional de una matrona espiritualmente poco ortodoxa, Lewis rechazó el cristianismo y se convirtió en un ateo declarado.

Toda una vida en Oxford

Lewis ingresó a Oxford en 1917 como estudiante y realmente nunca se fue. A pesar de una interrupción para luchar en la Primera Guerra Mundial (en la que fue herido por un proyectil que explotó), siempre mantuvo su hogar y amigos en Oxford. Su apego a Oxford era tan fuerte que cuando enseñó en Cambridge de 1955 a 1963, regresaba a Oxford los fines de semana para poder estar cerca de lugares familiares y amigos queridos.

En 1919 Lewis publicó su primer libro, titulado *Espíritus en esclavitud*, que escribió bajo el seudónimo de Clive Hamilton. En 1924 se convirtió en tutor de filosofía en el University College, y al año siguiente fue elegido miembro del Magdalen College, donde fue profesor de lengua y literatura inglesas. Su segundo volumen de poesía, *Dymer*, también se publicó con seudónimo.

Despertar espiritual

Mientras Lewis continuaba leyendo, disfrutó especialmente del autor cristiano George MacDonald. Un volumen, *Fantastes*, desafió poderosamente su ateísmo. Lewis escribió: «Lo que realmente me hizo fue convertir, incluso bautizar […] mi imaginación». Los libros de G. K. Chesterton hicieron la misma función, especialmente *El hombre eterno*, que planteó serias preguntas sobre el materialismo del joven intelectual.

Mientras MacDonald y Chesterton estaban agitando los pensamientos de Lewis, su amigo cercano Owen Barfield se abalanzó sobre la lógica del ateísmo de Lewis. Barfield se había convertido del ateísmo al teísmo, y finalmente al cristianismo, y frecuentemente criticaba a Lewis por su materialismo. También lo hizo Nevill Coghill, un brillante compañero de estudios y amigo de toda la vida que, para asombro de Lewis, era «un cristiano y un sobrenaturalista».

Poco después de unirse a la facultad de inglés en Magdalen College, Lewis conoció a otros dos cristianos, Hugo Dyson y J. R. R. Tolkien. Estos hombres se hicieron amigos íntimos de Lewis. Admiraba su brillantez y su lógica. Pronto Lewis reconoció que la mayoría de sus amigos, como sus autores favoritos (MacDonald, Chesterton, Johnson, Spenser y Milton) se aferraban a este cristianismo.

En 1929, C. S. Lewis se rindió, admitiendo que «Dios es Dios, y se arrodilló y oró». En dos años, el converso renuente también pasó del teísmo al cristianismo y se unió a la Iglesia de Inglaterra.

Casi de inmediato, Lewis emprendió una nueva dirección y fue evidente en su escritura. Los esfuerzos anteriores para convertirse en poeta fueron descartados. El nuevo cristiano dedicó su talento y energía a escribir en prosa que reflejara su fe recientemente encontrada. Dos años después de su conversión, Lewis publicó *El regreso del Peregrino* (1933). Este pequeño volumen abrió dio inicio a una oleada de libros sobre apologética cristiana y discipulado que duró 30 años y se convirtió en una vocación de toda la vida.

Los 25 libros cristianos de Lewis vendieron millones de copias, incluyendo *Cartas del diablo a su sobrino* (1942), *Mero cristianismo* (1952), *Las crónicas de Narnia* (1950–56), *El gran divorcio* (1946) y *La abolición del hombre* (1943), que la Enciclopedia Británica incluyó en su colección de *Grandes libros del mundo*. Aunque sus libros le dieron fama mundial, Lewis siempre fue primero un académico. Continuó escribiendo historia literaria y crítica, como *La alegoría del amor* (1936), considerada un clásico en su campo, y *Literatura inglesa en el siglo XVI* (1954).

A pesar de sus logros intelectuales, se negó a ser arrogante: «La vida intelectual no es el único camino a Dios, ni el más seguro, pero consideramos que es un camino, y puede ser el camino designado para nosotros. Por supuesto, será solo mientras mantengamos el impulso puro y desinteresado».

Fama y fortuna

Predicar sermones, dar charlas y expresar sus opiniones teológicas por radio en todo el Reino Unido fortaleció la reputación de Lewis y aumentó sus ventas de libros. Con estas nuevas circunstancias vinieron otros cambios, entre los que se destacó el aumento de sus ingresos anuales.

A lo largo de la década de 1920, Lewis había sobrevivido con poco dinero. Durante sus años de estudiante, su padre proporcionó un subsidio, y Jack lo complementó de varias maneras. Sin embargo, el dinero siempre fue escaso. Y cuando el joven académico asumió la responsabilidad de la familia de un amigo, las finanzas siempre fueron escasas incluso con el estipendio regular por sus tutorías.

Ahora, ya que el dinero no era un problema, Lewis se negó a mejorar su nivel de vida, y en su lugar estableció un fondo de caridad con sus ganancias por regalías. Apoyó a numerosas familias pobres, financió las tarifas de educación de huérfanos y seminaristas de bajos recursos, y donó dinero a decenas de organizaciones benéficas y ministerios de la iglesia.

Durante la última década de su peregrinación terrenal, el mundo de Lewis fue invadido por una mujer estadounidense y sus dos hijos. En 1952, Joy Davidman Gresham, que se había convertido en cristiana al leer *El gran divorcio* y *Cartas del diablo a su sobrino*, visitó a su mentor espiritual en Inglaterra. Poco después, su esposo la abandonó por otra mujer, y ella se mudó a Londres con sus dos hijos adolescentes, David y Douglas.

Gresham gradualmente cayó en problemas financieros. Ser conocida de Lewis le ayudó a que sus hijos recibieran educación. De la caridad y los intereses literarios comunes surgió una profunda amistad y, finalmente, el amor. Se casaron en 1956.

Joy tenía 16 años menos que Lewis, pero eso no impidió un matrimonio feliz. Sin embargo, un agresivo cáncer acortó su matrimonio menos de cuatro años después de la boda. Estaba tan enferma incluso antes de la boda que lo llamó un «matrimonio en el lecho de muerte».

Aun así, Joy le trajo felicidad a Lewis. Como le escribió a un amigo poco después de su matrimonio: «Es gracioso tener a los 59 años el tipo de felicidad que la mayoría de los hombres tienen en sus veintes [...]. "Has conservado el buen vino hasta ahora"». Ella misma era escritora y la influencia hacia Jack en lo que consideró su mejor libro, *Mientras no tengamos rostros* (1956), fue tan profunda que le dijo a una amiga cercana que ella era en realidad su coautora.

Así, su muerte, como la muerte de su madre, le dio a Lewis un duro golpe. En *Una observación a la pena*, expresó su dolor, enojo y dudas que surgieron durante los próximos años.

Ataques de amigos

El estimado profesor no solo se casó tarde en la vida, se casó con una estadounidense que era judía, divorciada, excomunista y de personalidad abrasiva. En resumen, el matrimonio no fue bueno para la mayoría de los amigos y conocidos de Lewis.

Lewis fue herido por la desaprobación de amigos y colegas, pero de ninguna manera fue una experiencia nueva para él. Aunque disfrutaba de la cordialidad de las reuniones semanales con otros *Inklings* (intelectuales y escritores que se reunían regularmente para intercambiar ideas), y los éxitos prodigiosos de sus libros, Lewis fue frecuentemente atacado por su estilo de vida decididamente cristiano. Incluso amigos cristianos cercanos como Owen Barfield y J. R. R. Tolkien desaprobaron abiertamente el discurso y la escritura evangelística de Lewis.

De hecho, los libros «cristianos» de Lewis causaron tanta desaprobación que más de una vez fue ignorado para una cátedra en Oxford, y los honores fueron para hombres de menor reputación. Fue Magdalene College en la Universidad de Cambridge quien finalmente honró a Lewis con una cátedra en 1955 y, por lo tanto, reconoció sus contribuciones originales e importantes a la historia y crítica literaria inglesa.

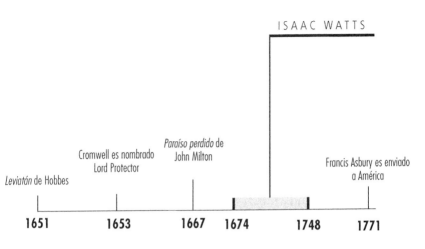

ISAAC WATTS

Leviatán de Hobbes

Cromwell es nombrado
Lord Protector

Paraíso perdido de
John Milton

Francis Asbury es enviado
a América

1651   **1653**   **1667**   **1674**   **1748**   **1771**

POETAS
ISAAC WATTS
PADRE DE LOS HIMNOS INGLESES

«Al mundo paz, nació Jesús / Nació ya el Salvador / El corazón ya tiene luz / Y paz su santa grey».

En sus últimos años, Isaac Watts se quejó de del canto de himnos en la iglesia: «Ver la aburrida indiferencia, el aire negligente e irreflexivo que se asienta en las caras de toda una asamblea, mientras el salmo está en sus labios, incluso podría tentar a un observador caritativo a sospechar del fervor de su religión interior».

Este lamento lo acompañaba desde su adolescencia. Su padre, cansado de sus quejas, lo retó a escribir algo mejor. La semana siguiente, el adolescente Isaac presentó su primer himno a la iglesia, «He aquí las glorias del cordero», que fue recibido con entusiasmo. La carrera del «Padre de los himnos ingleses» había comenzado.

Mente de un genio

En el nacimiento de Isaac en 1674, su padre estaba en prisión por sus simpatías inconformistas (es decir, no acepataba a la Iglesia de Inglaterra). Su padre finalmente fue liberado (y tuvo siete hijos más), pero Isaac respetó su valentía y recordó las historias de su madre sobre amamantar a sus hijos en los escalones de la cárcel.

El joven Isaac mostró genio desde pequeño. Estaba aprendiendo latín a los cuatro años, griego a los nueve, francés (que tomó para conversar con sus vecinos refugiados) a los once y hebreo a los trece. Varias personas adineradas se ofrecieron a pagar su educación universitaria en Oxford o Cambridge, lo que lo habría conducido al ministerio anglicano. Isaac se negó y a los 16 años fue a Londres a estudiar en una academia no conformista. Al graduarse, pasó cinco años como tutor privado.

En 1702 se convirtió en pastor de la Capilla independiente Mark Lane de Londres, que se convirtió en una de las iglesias independientes más influyentes de la ciudad. Pero al año siguiente, comenzó a sufrir una enfermedad psiquiátrica que lo atormentaría por el resto de su vida. Tuvo que pasar más y más de su trabajo a su asistente y finalmente renunció en 1712.

Su enfermedad y su aspecto antiestético afectaron su vida personal. Su figura delgada y pálida de cinco pies estaba coronada por una cabeza desproporcionadamente grande. Casi todos los retratos de él lo representan con un gran vestido con grandes pliegues, un intento aparente de los artistas para disfrazar su simpleza. Esta fue probablemente la razón del rechazo de Elizabeth Singer a su propuesta de matrimonio. Como señaló un biógrafo: «Aunque amaba la joya, no podía admirar el cofre que la contenía».

Alcanzar al cristiano ordinario

Aunque los luteranos alemanes habían estado cantando himnos durante 100 años, Juan Calvino había instado a sus seguidores a cantar solo salmos métricos; los protestantes ingleses habían seguido el ejemplo de Calvino.

La publicación de Watts en 1707 de *Himnos y canciones espirituales* técnicamente no era una colección de himnos o salmos métricos, pero fue una colección de importancia. De hecho, contenía lo que se convertiría en uno de los himnos ingleses más populares de todos los tiempos, «La cruz excelsa al contemplar».

Watts no rechazó los salmos métricos; él simplemente quería ver más pasión en ellos. «Deberían traducirse de tal manera que tengamos razones para creer que David los habría compuesto si hubiera vivido en nuestros días», escribió. *Los salmos de David imitados en el lenguaje del Nuevo Testamento* siguieron en 1719.

Muchos de sus colegas ingleses no pudieron reconocer estas traducciones. ¿Cómo podría ser «Al mundo paz» realmente el Salmo 98? ¿O «Jesús reinará donde esté el sol» el Salmo 72, ¿u «Oh Dios, nuestra ayuda en el pasado» el Salmo 90?

Watts no se disculpó, argumentando que omitió deliberadamente varios salmos y grandes partes de otros, plasmando porciones «que se pudieran acomodar fácil y naturalmente a las diversas ocasiones de la vida cristiana, o al menos permitir algunas hermosas alusiones a los asuntos cristianos». Además, donde el salmista luchaba con enemigos personales, Watts covertía la invectiva bíblica contra adversarios espirituales: el pecado, Satanás y la tentación. Finalmente, dijo: «Donde la altura de su fe y amor es sublime, a menudo he puesto las expresiones al alcance de un cristiano común».

Tal soltura trajo críticas. «Las congregaciones cristianas han excluido los salmos divinamente inspirados y han tomado las fantasías de Watts», protestó un detractor. Otros llamaron a las nuevas canciones «caprichos de Watts».

Pero después de las divisiones de la iglesia, los despidos de pastores y otros argumentos, las paráfrasis de Watts ganaron. «Fue el primero que enseñó a los disidentes a escribir y hablar como otros hombres, mostrándoles que la elegancia podría consistir en la piedad», escribió el famoso lexicógrafo (y contemporáneo de Watts) Samuel Johnson.

Sin embargo, más que un poeta, Watts también fue un erudito de gran reputación, especialmente en sus últimos años. Escribió casi 30 tratados teológicos; ensayos sobre psicología, astronomía y filosofía; tres volúmenes de sermones; el primer himnario para niños; y un libro de texto sobre lógica que sirvió como un trabajo estándar sobre el tema durante generaciones.

Pero su poesía sigue siendo su legado duradero y le valió elogios a ambos lados del Atlántico. Benjamin Franklin publicó su himnario, Cotton Mather mantuvo una larga correspondencia con él y John Wesley lo reconoció como un genio, aunque Watts sostuvo que «Wrestling Jacob» [«La lucha de Jacob»] de Charles Wesley era más valioso que todos sus himnos.

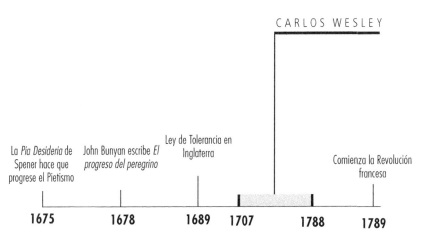

CARLOS WESLEY

| La *Pia Desideria* de Spener hace que progrese el Pietismo | John Bunyan escribe *El progreso del peregrino* | Ley de Tolerancia en Inglaterra | | | Comienza la Revolución francesa |

1675   1678   1689   1707   1788   1789

POETAS

CARLOS WESLEY

EL MEJOR ESCRITOR DE HIMNOS DE TODOS LOS TIEMPOS

«¡Oh que tuviera lenguas mil para poder cantar las glorias de mi Dios y Rey, sus triunfos alabar!».

Se dice que, en promedio, escribió 10 líneas poéticas por día durante 50 años. Escribió 8989 himnos, 10 veces el volumen compuesto por el único otro candidato (Isaac Watts) que podría presumiblemente ser el mejor escritor de himnos del mundo. Compuso algunos de los himnos más memorables y duraderos de la Iglesia: «Los heraldos celestiales cantan», «El Señor resucitó», «¡Oh, que tuviera lenguas mil!», «Divino amor», «¿Cómo puede ser posible?», «Oíd un son en alta esfera» y «Tocad, trompetas ya».

Sin embargo, a menudo se lo conoce como el «Wesley olvidado». Su hermano John es considerado el genio detrás de la fundación

133

del metodismo. Pero sin los himnos de Carlos, el movimiento metodista podría no haber ido a ninguna parte. Como lo expresó un historiador: «Los primeros metodistas fueron enseñados y guiados tanto por los himnos de [Carlos] como por los sermones y los panfletos de [Juan] Wesley».

Estudiante de idiomas

Carlos Wesley era el decimoctavo de los diecinueve hijos de Samuel y Susana Wesley (solo diez vivieron hasta la madurez). Nació prematuramente en diciembre de 1707 y parecía muerto. Permaneció en silencio, envuelto en lana, durante semanas.

Cuando era mayor, Carlos se unió a sus hermanos ya que cada día su madre, Susana, que sabía griego, latín y francés, les enseñaba metódicamente durante seis horas. Carlos pasó trece años en la escuela Westminster, donde el único idioma permitido en público era el latín. Agregó nueve años en Oxford, donde recibió su maestría. Se decía que podía recitar los escritos del poeta latino Virgilio en media hora.

Luego fue a la Universidad de Oxford, y para contrarrestar la tibieza espiritual de la escuela, Carlos formó el «Club Santo», y con otros dos o tres celebraba la Comunión semanalmente y observaban un estricto régimen de estudio espiritual. Debido al régimen religioso del grupo, que luego incluyó levantarse temprano, el estudio de la Biblia y el ministerio en la prisión, los miembros fueron llamados «metodistas».

En 1735, Carlos se unió a su hermano Juan (ahora ambos ordenados) para convertirse en misionero en la colonia de Georgia: Juan como capellán del difícil puesto de avanzada y Carlos como secretario del gobernador Oglethorpe.

Recibió disparos, fue calumniado, sufrió enfermedades y fue rechazado incluso por Oglethorpe; Carlos podría haber hecho eco de los sentimientos de su hermano Juan cuando regresaron desanimados a Inglaterra al año siguiente: «Fui a Estados Unidos para convertir a los indios, pero ¿quién me convertiría a mí?».

Resultó que fueron los moravos. Después de regresar a Inglaterra, Carlos enseñó inglés al moravo Peter Böhler, quien lo impulsó a mirar el estado de su alma más profundamente. Durante mayo de 1738, Carlos comenzó a leer el volumen de Martín Lutero sobre Gálatas mientras estaba enfermo. Escribió en su diario: «Trabajé, esperé y oré para sentir a "quien me amaba y se entregó por mí"». Pronto se convenció y escribió: «Ahora me encuentro en paz con Dios y me alegro con la esperanza de amar a Cristo». Dos días después comenzó a escribir un himno celebrando su conversión.

Predicador evangelista

A instancias del evangelista George Whitefield, Juan y Carlos finalmente se sometieron a «ser más viles» y hacer lo impensable: predicar fuera de los edificios de la iglesia. En sus registros de su diario de 1739 a 1743, Carlos calculó el número de aquellos a quienes les había predicado. Solo considerando aquellas multitudes que registró, el total durante estos cinco años llegó a 149 400 personas.

Del 24 de junio al 8 de julio de 1738, Carlos registró que le predicó dos veces a multitudes de 10 000 en Moorfields, una vez llamada «esa Coney Island del siglo XVIII». Le predicó a 20 000 en Kennington Common y pronunció un sermón sobre la justificación ante la Universidad de Oxford.

En un viaje a Gales en 1747, el evangelista aventurero, ahora de 40 años, conoció a Sally Gwynne, de 20 años, con quien pronto se casó. De acuerdo a todos los relatos, su matrimonio fue feliz.

Carlos continuó viajando y predicando, a veces creando cierta tensión con Juan, quien se quejó de que «ni siquiera sé cuándo y a dónde pretendes ir». Su último viaje nacional fue en 1756. Después de eso, su salud lo llevó gradualmente a retirarse del ministerio itinerante. Pasó el resto de su vida en Bristol y Londres, predicando en capillas metodistas.

Magnífica obsesión

A lo largo de su vida adulta, Carlos escribió versos, predominantemente himnos para usar en reuniones metodistas. Produjo 56 volúmenes de himnos en 53 años, plasmando en sus letras lo que su hermano Juan llamó un «relato distinto y completo del cristianismo bíblico».

Los metodistas se hicieron conocidos (y a veces se burlaban de ellos) por su canto exuberante de los himnos de Carlos. Un observador contemporáneo registró: «La canción de los metodistas es la más bella que he escuchado […]. Cantan de manera adecuada, con devoción, mente serena y encanto».

Carlos Wesley rápidamente se ganó la admiración por su capacidad de capturar la experiencia cristiana universal en versos memorables. En el siguiente siglo, Henry Ward Beecher declaró: «Preferiría haber escrito ese himno de Wesley, "Jesús, amante de mi alma", que tener la fama de todos los reyes que alguna vez se sentaron en la tierra». Quien compiló el masivo *Diccionario de Himnología*, John Julian, concluyó que «tal vez, teniendo en cuenta la cantidad y la calidad, [Carlos Wesley fue] el mejor escritor de himnos de todas las edades».

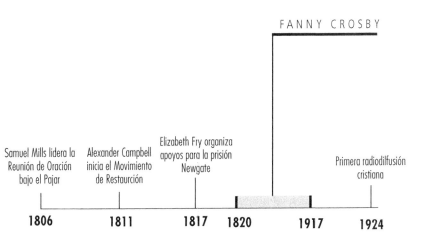

FANNY CROSBY

| Samuel Mills lidera la Reunión de Oración bajo el Pajar | Alexander Campbell inicia el Movimiento de Restaurción | Elizabeth Fry organiza apoyos para la prisión Newgate | | Primera radiodilfusión cristiana |

1806   **1811**   **1817**   **1820**   **1917**   **1924**

POETAS

FANNY CROSBY

PROLÍFICA ESCRITORA DE HIMNOS CIEGA

> «Oh, qué alma tan feliz yo soy / Aunque no pueda ver /
> Decidida estoy que aquí yo/ Contenta estaré».

Francis Jane Crosby escribió más de 9000 himnos, algunos de los cuales se encuentran entre los más populares en todas las denominaciones cristianas. Escribió tantos que se vio obligada a usar seudónimos para que los himnarios no se llenaran con su nombre por encima de todos los demás. Y, para la mayoría de las personas, lo más notable de ella era que lo había hecho a pesar de su ceguera.

«Creo que es una lástima que el Maestro no te haya dado la vista cuando te arrojó tantos otros regalos», comentó un predicador bien intencionado.

Fanny Crosby respondió de inmediato, ya que había escuchado antes comentarios similares: «¿Sabes que, si hubiera podido hacer

137

una petición al nacer, habría sido nacer ciega?», dijo la poeta, que solo pudo ver durante sus primeras seis semanas de vida, «porque cuando llegue al cielo, la primera cara que alegrará mi vista será la de mi Salvador».

Cegada por un curandero

Nacida en el condado de Putnam, Nueva York, Crosby se enfermó a los dos meses de edad. Desafortunadamente, el médico de la familia estaba ausente, y otro hombre, fingiendo ser un médico certificado, la trató prescribiendo cataplasmas de mostaza para aplicar en sus ojos. Su enfermedad finalmente cedió, pero el tratamiento la dejó ciega. Cuando se reveló que el médico era un charlatán, desapareció. Unos meses después, el padre de Crosby murió. Su madre se vio obligada a buscar trabajo como empleada doméstica para mantener a la familia, y Fanny fue criada principalmente por su abuela cristiana.

Su amor por la poesía comenzó temprano: su primer verso, escrito a los 8 años, hizo eco de su negativa de toda la vida a sentir pena por sí misma:

Oh, qué alma tan feliz yo soy
aunque no pueda ver,
Decidida estoy que aquí yo
contenta estaré.

De bendiciones gozo yo,
que anhelan otros ver.
¡Llorar, gemir, pues ciega soy?
no puedo, ni lo haré.

Mientras disfrutaba de su poesía, memorizaba celosamente la Biblia. Aprendía cinco capítulos por semana, incluso cuando era niña, podía recitar el Pentateuco, los Evangelios, los Proverbios, el Cantar de los Cantares y muchos salmos por capítulos y versículos.

El arduo trabajo de su madre valió la pena. Poco antes de cumplir quince años, Crosby fue enviada al recientemente fundado Instituto para Ciegos de Nueva York, que sería su hogar durante 23 años: 12 como estudiante y 11 como maestra. Inicialmente se entregó a su propia poesía y se le solicitó escribir versos para diferentes ocasiones. Con el tiempo, el director le pidió que evitara esas «distracciones» en favor de su instrucción general. «No tenemos derecho a ser vanos en presencia del Propietario y Creador de todas las cosas», dijo.

Fue el trabajo de una frenóloga viajera (una que estudia la forma y las irregularidades del cráneo para comprender el carácter y la capacidad mental) lo que cambió la oposición de la escuela y volvió a encender su pasión. Aunque su estudio es ahora el ridículo de la ciencia, las palabras de la frenóloga demostraron ser proféticas: «Aquí hay una poetisa. Denle todo el aliento posible. Léanle los mejores libros y enséñenle lo mejor que hay en poesía. Tendrán noticias de esta joven algún día».

Poesía para presidentes

No tardó mucho. A los 23 años, Crosby ya hablaba frente al Congreso y hacía amistad con los presidentes. De hecho, conoció a todos los secretarios generales de su vida, especialmente a Grover Cleveland, quien se desempeñó como secretario del Instituto para Ciegos antes de su elección.

Otro miembro del instituto, el exalumno Alexander van Alstine, se casó con Crosby en 1858. Considerado uno de los mejores organistas de Nueva York, escribió la música para muchos de los himnos de Crosby. La propia Crosby solo les puso música a unos pocos, aunque tocaba el arpa, el piano, la guitarra y otros instrumentos. Más a menudo, los músicos acudían a ella en busca de letras. Por ejemplo, un día el músico William Doane pasó por su casa para una visita sorpresa, rogándole que pusiera algunas palabras en una canción que él había escrito recientemente y que iba a presentar en una próxima convención de la Escuela Dominical. El único problema era que su tren a la convención salía en 35 minutos. Se sentó al piano y tocó la melodía.

«Tu música dice: "A salvo en los brazos de Jesús"», dijo Crosby, garabateando las palabras del himno de inmediato. «Léelo en el tren; date prisa. ¡No quieres llegar tarde!». El himno se convirtió en uno de los más famosos de Crosby.

Aunque estaba bajo contrato para enviar tres himnos por semana a su editor y a menudo escribía seis o siete al día (por un dólar o dos cada uno), muchos se volvieron increíblemente populares. Cuando Dwight Moody e Ira Sankey comenzaron a usarlos en sus cruzadas, recibieron aún más atención. Entre ellos se encuentran «Comprado con sangre por Cristo», «Salvo en los fuertes brazos», «A Dios sea la gloria» y «Santo, santo, grande, eterno Dios».

Podía escribir himnos muy complejos y componer música con una estructura más clásica (incluso podía improvisarla), pero prefería escribir versos sencillos y sentimentales que pudieran usarse para evangelizar. Ella continuó escribiendo su poesía hasta su muerte, un mes antes de cumplir noventa y cinco años. «Llegarás al borde del río, algún dulce día, adiós y adiós», fue su última estrofa.

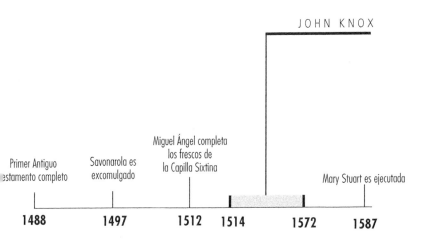

JOHN KNOX

Primer Antiguo
estamento completo

Savonarola es
excomulgado

Miguel Ángel completa
los frescos de
la Capilla Sixtina

Mary Stuart es ejecutada

1488   **1497**   **1512**   **1514**   **1572**   **1587**

FUNDADORES DE DENOMINACIONES

JOHN KNOX

PRESBITERIANO CON ESPADA

> «La espada de la justicia es de Dios, y si los príncipes y
> gobernantes no la usan, otros pueden hacerlo».

Fue un ministro del evangelio cristiano que abogó por una revolución violenta. Fue considerado uno de los predicadores más poderosos de su época, pero solo se publicaron dos de los cientos de sermones que predicó. Fue una figura clave en la formación de la Escocia moderna, sin embargo, solo hay un monumento erigido en su nombre en Escocia, y su tumba se encuentra debajo de un estacionamiento.

John Knox era de hecho un hombre de muchas paradojas, un Jeremías hebreo establecido en suelo escocés. En una campaña implacable de oratoria ardiente, trató de destruir lo que sentía era idolatría y de purificar la religión de Escocia.

141

Inicio de la causa

John Knox nació alrededor de 1514, en Haddington, un pequeño pueblo al sur de Edimburgo. Alrededor de 1529 ingresó a la Universidad de St. Andrews y estudió teología. Fue ordenado en 1536, pero se convirtió en notario, y luego en tutor de los hijos de los *lairds* locales (nobleza escocesa de menor rango).

Se desarrollaban eventos dramáticos en Escocia durante la juventud de Knox. Muchos estaban enojados con la iglesia católica, que poseía más de la mitad de los bienes raíces y reunía un ingreso anual de casi 18 veces el de la corona. Los obispos y los sacerdotes solían ser simples nombramientos políticos, y muchos nunca ocultaron sus vidas inmorales: el arzobispo de St. Andrews, el cardenal Beaton, se asoció abiertamente con concubinas y engendró diez hijos.

El constante tráfico marítimo entre Escocia y Europa permitió que la literatura luterana se introdujera de contrabando en el país. Las autoridades de la iglesia se alarmaron por esta «herejía» e intentaron reprimirla. Patrick Hamilton, un converso protestante, fue quemado en la estaca en 1528.

A principios de la década de 1540, Knox cayó bajo la influencia de los reformadores convertidos, y bajo la predicación de Thomas Guilliame, se unió a ellos. Knox se convirtió en guardaespaldas del ardiente predicador protestante George Wishart, que hablaba en toda Escocia. Sin embargo, en 1546, Beaton hizo arrestar, juzgar, estrangular y quemar a Wishart. En respuesta, un grupo de 16 nobles protestantes irrumpieron en el castillo, asesinaron a Beaton y mutilaron su cuerpo. El castillo fue sitiado inmediatamente por una flota de barcos franceses (la Francia católica era un aliado de Escocia). Aunque Knox no estaba al tanto del asesinato, lo aprobó, y durante un descanso en el asedio, se unió al sitio del castillo.

Durante un servicio protestante un domingo, el predicador John Rough habló sobre la elección de ministros y le pidió públicamente a Knox que emprendiera el oficio de predicador. Cuando la congregación confirmó el llamado, Knox fue sacudido y reducido a lágrimas. Al principio se negó, pero finalmente se sometió a lo que sintió que era un llamado divino.

Fue un ministerio de corta duración. En 1547, después de que el castillo de St. Andrews había sido puesto nuevamente bajo asedio, finalmente capituló. Algunos de los ocupantes fueron encarcelados. Otros, como Knox, fueron enviados a las galeras como esclavos.

Predicador itinerante

Pasaron diecinueve meses antes de que él y otros fueran liberados. Knox pasó los siguientes cinco años en Inglaterra, y su reputación de predicador rápidamente floreció. Pero cuando la católica María Tudor tomó el trono, Knox se vio obligado a huir a Francia.

Se dirigió a Ginebra, donde conoció a Juan Calvino. El reformador francés describió a Knox como un «hermano [...] que trabajaba enérgicamente por la fe». Knox, por su parte, estaba tan impresionado con la Ginebra de Calvino que la llamó «la escuela de Cristo más perfecta que jamás haya existido en la tierra desde los días de los apóstoles».

Knox viajó a Frankfurt am Main, donde se unió a otros refugiados protestantes, y rápidamente se vio envuelto en la controversia. Los protestantes no podían ponerse de acuerdo sobre un orden en la adoración. Las discusiones se volvieron tan acaloradas que un grupo salió de una iglesia un domingo, negándose a adorar en el mismo edificio que Knox.

De vuelta en Escocia, los protestantes estaban redoblando sus esfuerzos y se estaban formando congregaciones en todo el país. Un grupo que llegó a llamarse «Los Señores de la Congregación» prometió hacer del protestantismo la religión de la tierra. En 1555, invitaron a Knox a regresar a Escocia para inspirar la tarea de la reforma. Knox pasó nueve meses predicando extensa y persuasivamente en Escocia antes de verse obligado a regresar a Ginebra.

Explosiones ardientes de la pluma

Lejos de su tierra natal nuevamente, publicó algunos de sus tratados más controvertidos: en su *Admonición a Inglaterra* atacó a los líderes que permitieron el catolicismo en Inglaterra. En *La primera explosión de la trompeta contra el monstruoso regimiento de mujeres*, argumentó que una mujer gobernante (como la reina inglesa María Tudor) era «lo más odioso en presencia de Dios» y que era «una traidora y rebelde contra Dios». En sus *Apelaciones a la nobleza y comunidad de Escocia*, extendió a la gente común el derecho (de hecho, el deber) de rebelarse contra los gobernantes injustos. Como le dijo más tarde a la Reina María de Escocia: «La espada de la justicia es de Dios, y si los príncipes y gobernantes no la usan, otros pueden hacerlo».

Knox regresó a Escocia en 1559, y nuevamente desplegó sus formidables habilidades de predicación para aumentar la militancia protestante. A los pocos días de su llegada, predicó un violento sermón en Perth contra la «idolatría» católica, causando disturbios. Los altares fueron demolidos, las imágenes destrozadas y las casas religiosas destruidas.

En junio, Knox fue elegido ministro de la iglesia de Edimburgo, donde continuó exhortando e inspirando. En sus sermones, Knox típicamente pasaba media hora calmadamente analizando un pasaje bíblico. Luego, al aplicar el texto a la situación escocesa, se volvía «activo y vigoroso», golpeando violentamente el púlpito. Un tomador de notas dijo: «Me hizo estremecerme tanto y temblar, que no podía sostener la pluma para escribir».

Los Señores de la Congregación ocuparon militarmente más y más ciudades, por lo que finalmente, en el Tratado de Berwick de 1560, los ingleses y los franceses acordaron abandonar Escocia. (Los ingleses, ahora bajo la protestante Isabel I, habían acudido en ayuda de los escoceses protestantes; los franceses estaban ayudando al partido católico). El futuro del protestantismo en Escocia estaba asegurado.

El Parlamento ordenó a Knox y a cinco colegas que escribieran una

Confesión de fe, el *Primer libro de disciplina* y *El libro de orden común*, lo cual empujó la fe protestante de Escocia a un modo claramente calvinista y presbiteriano.

Knox terminó sus años como predicador de la iglesia de Edimburgo, ayudando a dar forma al desarrollo del protestantismo en Escocia. Durante este tiempo, escribió su *Historia de la reforma de la religión en Escocia*.

Aunque sigue siendo una paradoja para muchos, Knox fue claramente un hombre de gran valor: un hombre parado frente a la tumba abierta de Knox dijo: «Aquí yace un hombre que no halagó ni temió a ninguna carne». El legado de Knox es grande: su progenie espiritual incluye unos 750 000 presbiterianos en Escocia, 3 millones en Estados Unidos y muchos millones más en todo el mundo.

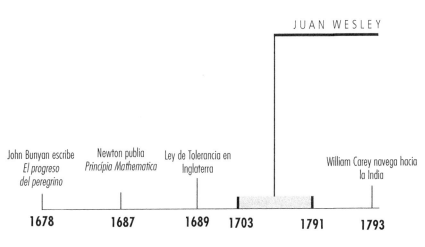

JUAN WESLEY

John Bunyan escribe
*El progreso
del peregrino*

Newton publia
Princípia Mathematica

Ley de Tolerancia en
Inglaterra

William Carey navega hacia
la India

1678 **1687** **1689** **1703** **1791** **1793**

FUNDADORES DE DENOMINACIONES

JUAN WESLEY

PIETISTA METÓDICO

>*«Alrededor de las nueve menos cuarto, mientras él describía el cambio que Dios obra en el corazón a través de la fe en Cristo, sentí que mi corazón se calentaba extrañamente».*

A fines de 1735, un barco se dirigió al Nuevo Mundo desde Inglaterra. A bordo se encontraba un joven ministro anglicano, Juan Wesley, que había sido invitado a servir como pastor de colonos británicos en Savannah, Georgia. Cuando el clima empeoró, el barco se encontró en serios problemas. Wesley, también capellán del buque, temió por su vida.

Pero se dio cuenta de que el grupo de moravos alemanes, que se dirigían a predicarle a los indios americanos, no tenía miedo en absoluto. De hecho, durante la tormenta, cantaban con calma. Cuando terminó el viaje, le preguntó al líder moravo sobre su serenidad, y el moravo respondió con una pregunta: ¿Tenía él, Wesley, fe en Cristo? Wesley respondió que sí, pero luego reflexionó: «Me temo que fueron palabras vanas».

De hecho, Wesley estaba confundido por la experiencia, pero su perplejidad lo condujo a un período de búsqueda del alma y finalmente a una de las conversiones más famosas y consecuentes en la historia de la Iglesia.

Educación religiosa

Wesley nació en un hogar anglicano: su padre, Samuel, era sacerdote, y su madre, Susanna, les enseñó religión y moral a sus 19 hijos.

Wesley asistió a Oxford, demostró ser un buen estudiante y pronto fue ordenado en el ministerio anglicano. En Oxford, se unió a una sociedad (fundada por su hermano Carlos) cuyos miembros hicieron votos para llevar una vida santa, comulgar una vez por semana, orar diariamente y visitar las cárceles con regularidad. Además, pasaban tres horas cada tarde estudiando la Biblia y otro material devocional.

Desde este «club santo» (como lo llamaban burlonamente otros estudiantes), Wesley navegó a Georgia para pastorear. Su experiencia resultó ser un fracaso. Una mujer que cortejó en Savannah se casó con otro hombre. Cuando trató de imponer las disciplinas del «club santo» en su iglesia, la congregación se rebeló. Un amargado Wesley regresó a Inglaterra.

Corazón extrañamente cálido

Después de hablar con otro moravo, Peter Boehler, Wesley concluyó que le faltaba fe salvadora. Aunque continuó tratando de ser bueno, siguió frustrado. «De hecho, luchaba continuamente, pero no conquistaba [...]. Me caía y me levantaba, y volvía a caer».

El 24 de mayo de 1783, tuvo una experiencia que lo cambió todo. Describió el evento en su diario: «Por la noche, fui de mala gana a una sociedad en Aldersgate Street, donde alguin estaba leyendo el prefacio de Lutero a la Epístola a los Romanos. Alrededor de las nueve menos cuarto, mientras describía el cambio que Dios obra en el corazón a través de la fe en Cristo, sentí que mi corazón se calentaba extrañamente. Sentí que confiaba en Cristo, solo Cristo, para salvación, y me fue otorgada la seguridad de que había quitado mis pecados, sí los míos, y me él me había salvado de la ley del pecado y la muerte».

Mientras tanto, otro ex miembro del «club santo», George Whitefield, estaba obteniendo notable éxito como predicador, especialmente en la ciudad industrial de Bristol. Cientos de pobres de la clase trabajadora, oprimidos por la industrialización de Inglaterra y descuidados por la iglesia, estaban experimentando conversiones bajo su ardiente predicación. Tantos respondían que Whitefield necesitaba ayuda desesperadamente.

Wesley aceptó con reservas la súplica de Whitefield. Desconfiaba del estilo dramático de Whitefield; cuestionó la propiedad de la predicación al aire libre de Whitefield (una innovación radical para el día); se sintió incómodo con las reacciones emocionales que incluso su propia predicación provocaba. Pero el ordenado Wesley pronto se acostumbró al nuevo método de ministerio.

Con sus habilidades organizativas, Wesley se convirtió rápidamente en el nuevo líder del movimiento. Pero Whitefield era un firme calvinista, mientras que Wesley no podía aceptar la doctrina de la predestinación. Además, Wesley argumentó (en contra de la doctrina reformada) que los cristianos podían disfrutar de la santificación completa en esta vida: amar a Dios y a sus vecinos, mansedumbre y humildad de corazón, abstenerse de toda apariencia de maldad y hacer todo para la gloria de Dios. Al final, los dos predicadores se separaron.

De «metodistas» al metodismo

Wesley no tenía la intención de fundar una nueva denominación, pero las circunstancias históricas y su genio organizacional conspiraron contra su deseo de permanecer en la Iglesia de Inglaterra.

En un inicio, los seguidores de Wesley se reunían en «sociedades» de hogares privados. Cuando estas sociedades se hicieron demasiado grandes para que los miembros se cuidaran entre sí, Wesley organizó «clases», cada una con once miembros y un líder. Las clases se reunían semanalmente para orar, leer la Biblia, discutir sus vidas espirituales y recolectar dinero para la caridad. Hombres y mujeres se reunían por separado, pero cualquiera podía convertirse en un líder de clase.

El fervor moral y espiritual de las reuniones se expresa en uno de los aforismos más famosos de Wesley: «Haz todo el bien que puedas, por todos los medios que puedas, de todas las maneras que puedas, en todos los lugares que puedas, todas las veces que puedas, a todas las personas que puedas, siempre que puedas».

El movimiento creció rápidamente, al igual que sus críticos, quienes llamaron a Wesley y sus seguidores «metodistas», una etiqueta que llevaban con orgullo. A veces era más que solo insultos: los metodistas se enfrentaban con frecuencia a la violencia cuando los rufianes pagados interrumpían las reuniones y amenazaban la vida de Wesley.

Aunque Wesley programaba su predicación itinerante para que no interrumpiera los servicios anglicanos locales, el obispo de Bristol continuaba oponiéndose. Wesley respondió: «El mundo es mi parroquia», una frase que luego se convirtió en el eslogan de los misioneros metodistas. Wesley, de hecho, nunca disminuyó la velocidad, y durante su ministerio viajó más de 4000 millas al año, predicando unos 40 000 sermones en su vida.

Unos pocos sacerdotes anglicanos, como su hermano Carlos, escritor de himnos, se unieron a estos metodistas, pero la mayor parte de la carga de la predicación recayó en Juan. Finalmente se vio obligado a emplear predicadores laicos, a quienes no se les permitía servir la Comunión, sino que simplemente ayudaban a complementar a los ministros ordenados de la Iglesia de Inglaterra.

Wesley luego organizó a sus seguidores en una «conexión» y varias sociedades en un «circuito» bajo el liderazgo de un «superintendente». Las reuniones periódicas del clero metodista y los predicadores laicos eventualmente se convirtieron en la «conferencia anual», donde aquellos que debían servir a cada circuito, eran designados, generalmente, por períodos de tres años.

En 1787, se requirió que Wesley registrara a sus predicadores laicos como no anglicanos. Mientras tanto, al otro lado del Atlántico, la Revolución Americana aisló a los metodistas yanquis de sus conexiones anglicanas. Para apoyar el movimiento estadounidense, Wesley ordenó de manera independiente a dos predicadores laicos y nombró a Thomas Coke como superintendente. Con estas y otras acciones, el metodismo salió gradualmente de la Iglesia de Inglaterra, aunque Wesley siguió siendo anglicano hasta su muerte.

Un indicativo de su genio organizacional es conocer con exactitud cuántos seguidores tenía Wesley cuando murió: 294 predicadores, 71 668 miembros británicos, 19 misioneros (5 en estaciones de misión) y 43 265 miembros estadounidenses con 198 predicadores. Hoy, los metodistas suman alrededor de 30 millones en todo el mundo.

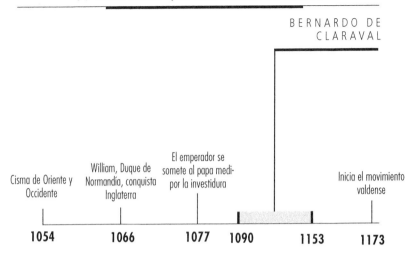

BERNARDO DE CLARAVAL

Cisma de Oriente y Occidente	William, Duque de Normandía, conquista Inglaterra	El emperador se somete al papa medi- por la investidura			Inicia el movimiento valdense
1054	**1066**	**1077**	**1090**	**1153**	**1173**

INFLUYENTES Y AGITADORES

BERNARDO DE CLARAVAL

REFORMADOR Y MÍSTICO MEDIEVAL

«Deseas que te diga por qué y cómo se debe amar a Dios. Mi respuesta es que Dios mismo es la razón por la que debe ser amado».

Es difícil saber cómo caracterizar a Bernardo de Claraval. Por un lado, se le llama el «doctor con lengua de miel» por sus elocuentes escritos sobre el amor de Dios. Por otro lado, reunió soldados para matar musulmanes. Escribió elocuentemente sobre la humildad; por otra parte, le encantaba estar cerca del asiento del poder y fue asesor de cinco papas.

Lo que está claro es esto: 400 años después de su muerte, todavía era ampliamente citado por católicos y protestantespara apoyar sus respectivas posiciones. Juan Calvino lo consideraba el principal testigo de la verdad entre Gregorio Magno y el siglo XVI. Y hoy sus escritos todavía guían la vida espiritual no solo del orden que hizo famoso, los cistercienses, sino de hombres y mujeres en todos los ámbitos de la vida.

153

Líder austero

Bernardo nació en las afueras de Dijon en Borgoña en una familia de baja nobleza. Ambos padres eran modelos de virtud, pero fue su madre quien ejerció la mayor influencia sobre él (algunos especulan que solo fue superada por lo que Mónica hizo por Agustín de Hipona). Su muerte, en 1107, marcó para Bernardo el comienzo de su «largo camino convertirse por completo».

Bernardo buscó el consejo del abad de Citeaux, Stephen Harding, y decidió ingresar a su nueva pequeña y luchadora comunidad llamada los cistercienses. La orden se había establecido en 1098 para restaurar el monacato benedictino a un estado más primitivo y austero. Bernardo estaba tan entusiasmado con la orden, que persuadió no solo a sus hermanos, sino a otros 25 más, a unirse a él en Citeaux en 1112.

Aquí comenzó a practicar disciplinas ascéticas para toda la vida (ayuno estricto, privación del sueño, etc.), que perjudicaron gravemente su salud: padeció de anemia, migrañas, gastritis, hipertensión y un sentido del gusto atrofiado durante toda su vida.

A los tres años de unirse a la orden, fue nombrado abad del tercer monasterio cisterciense, en Claraval. Allí Bernardo mostró poca paciencia con los monjes que querían que relajara sus estándares. Burlándose de los hábitos alimenticios de otros monasterios, escribió: «Los cocineros preparan todo con tanta habilidad y astucia que los cuatro o cinco platos ya consumidos no son un obstáculo para lo que sigue, y el apetito no es controlado por la saciedad».

Al mismo tiempo, mostró su creciente sabiduría espiritual. Con respecto al peligro del orgullo espiritual, dijo: «Hay personas que visten túnicas y no tienen nada que ver con pieles, pero que carecen de humildad. Seguramente la humildad en pieles es mejor que el orgullo en túnicas».

A pesar de la objeción de algunos monjes, el monasterio prosperó bajo su liderazgo. En 1118, Claraval pudo fundar su primera sucursal, la primera de unos 70 monasterios cistercienses que fundó Bernardo (que a su vez fundó otros 100 monasterios en la vida de Bernardo).

Monje mundial

A medida que creció la orden, también lo hicieron la influencia y las responsabilidades de Bernardo. Aunque anhelaba regresar a una vida de soledad (había sido un ermitaño durante un tiempo), fue arrojado al mundo por la mayor parte del resto de su vida.

Bernardo tuvo relaciones cálidas con otras órdenes de reforma de su época, como con los Cartujos y Premonstratenses. También escribió la Regla para la nueva orden conocida como los Caballeros Templarios, una orden de hombres que hicieron votos monásticos y juraron defender militarmente la Tierra Santa.

Cuando el influyente y controvertido teólogo de París, Peter Abelard, escribió: «Es al dudar que venimos a preguntar y al preguntar que llegamos a la verdad», y sugirió que Cristo murió no para pagar una pena, sino simplemente para demostrar el amor de Dios, Bernardo se escandalizó. En 1139, escribió una larga carta al papa refutando a Abelard. Llamó al parisino «hijo de perdición» que «desprecia y se burla» de la muerte de Cristo: «Fui hecho pecador al derivar mi ser de Adán; soy hecho justo simplemente por haber sido lavado en la sangre de Cristo y no por las "palabras y el ejemplo" de Cristo».

Debido a la carta de Bernardo y su influencia política (el Papa Inocencio III debía su posición, en parte, al apoyo público de Bernardo), la enseñanza de Abelard fue condenada y se vio obligado a retirarse a un monasterio.

La influencia política informal de Bernardo se vio reforzada con la elección del Papa Eugenio III, uno de los antiguos alumnos de Bernardo. Bernardo tenía una gran visión del papado, y llamó al Papa «el único vicario de Cristo que preside no solo a un pueblo sino a todos». Al mismo tiempo, advirtió a Eugenio: «Se te ha confiado la administración del mundo, no se te otorga la posesión de él […]. No hay veneno más peligroso para ti, ni espada más mortal que la pasión por gobernar». En general, ejerció tal influencia sobre Eugenio III que Eugenio una vez se quejó con Bernardo: «Dicen que tú eres el papa y no yo».

Cuando Eugenio convocó la Segunda Cruzada, alistó a Bernardo como el principal promotor de la cruzada. Bernard viajó por Europa pidiendo a los hombres que se alistaran en «la causa de Cristo». En un sermón suplicó: «Les pido y les aconsejo que no pongan sus propios asuntos antes que los asuntos de Cristo».

Sin embargo, debido a las disputas y al liderazgo ineficaz, la cruzada fue un desastre, que terminó en un retiro vergonzoso, y la reputación de Bernardo sufrió los últimos cuatro años de su vida. Aun así, poco más de 20 años después de su muerte, era lo suficientemente estimado como para ser canonizado.

Pluma mística

Por lo que Bernardo es recordado hoy, más que su celo reformador y su predicación a favor de la Cruzada, es por sus escritos místicos. Su obra más conocida es *Sobre amar a Dios*, en la que declara su propósito al principio: «Deseas que te diga por qué y cómo se debe amar a Dios. Mi respuesta es que Dios mismo es la razón por la que debe ser amado».

Su otro gran legado literario es *Sermones sobre el Cantar de los Cantares*, 86 sermones sobre la vida espiritual que, de hecho, solo tocan tangencialmente el texto bíblico. Un pasaje en particular habla acertadamente de la pasión de toda la vida de Bernardo por conocer a Dios (y, probablemente, las tentaciones que le preocupaban):

Hay algunos que anhelan saber con el único propósito de saber, y eso es vergonzosa curiosidad; otros que anhelan saber para darse a conocer, y eso es vergonzosa vanidad […]. Todavía hay otros que anhelan el conocimiento para vender sus frutos por dinero u honores, y esto es una vergonzosa especulación; otros que anhelan saber para poder servir, y esto es caridad. Finalmente, hay quienes anhelan saber para beneficiarse, y esto es prudencia.

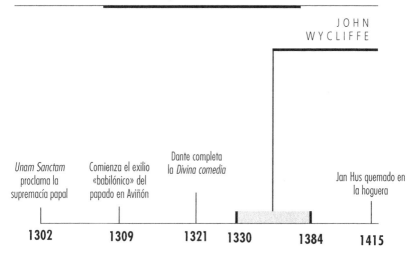

JOHN
WYCLIFFE

Unam Sanctam
proclama la
supremacía papal

Comienza el exilio
«babilónico» del
papado en Aviñón

Dante completa
la *Divina comedia*

Jan Hus quemado en
la hoguera

1302 **1309** **1321** **1330** **1384** **1415**

INFLUYENTES Y AGITADORES
JOHN WYCLIFFE
«PROTESTANTE» MEDIEVAL

> *«Confía totalmente en Cristo; descansa por completo en Sus sufrimientos; ten cuidado con buscar ser justificado de alguna otra manera que no sea por Su justicia».*

John Wycliffe dejó una gran impresión en la iglesia: 43 años después de su muerte, los funcionarios desenterraron su cuerpo, quemaron sus restos y arrojaron las cenizas al río Swift. Aun así, no pudieron deshacerse de él. Las enseñanzas de Wycliffe, aunque suprimidas, continuaron difundiéndose. Como observó un cronista posteriormente: «Así, el arroyo ha transportado sus cenizas a Avon; de Avon a Severn; de Severn a los mares estrechos; y ellos al océano principal. Y así, las cenizas de Wycliffe son el emblema de su doctrina que ahora está dispersa por todo el mundo».

«Maestro de los errores»

Wycliffe nació en una granja de ovejas a 300 kilómetros de Londres. Se fue a la Universidad de Oxford en 1346, pero debido a las erupciones periódicas de la Peste Negra, no pudo obtener su doctorado hasta 1372. Sin embargo, para entonces ya era considerado el principal filósofo y teólogo de Oxford.

En 1374 se convirtió en rector de la parroquia en Lutterworth, pero un año después se sintió decepcionado al saber que no se le había otorgado un puesto en Lincoln ni el obispado de Worcester, contratiempos que algunos dicen son los motivos para sus posteriores ataques contra el papado.

Mientras tanto, Roma estaba exigiendo apoyo financiero de Inglaterra, una nación que luchaba por recaudar dinero para resistir un posible ataque francés. Wycliffe aconsejó a su señor local, John of Gaunt, que le dijera al Parlamento que no acatara la petición. Argumentó que la iglesia ya era demasiado rica y que Cristo llamó a sus discípulos a la pobreza, no a la riqueza. Si alguien debía conservar dichos impuestos, serían las autoridades locales inglesas.

Tales opiniones metieron en problemas a Wycliffe, y lo llevaron a Londres para responder a los cargos de herejía. La audiencia apenas había comenzado cuando las recriminaciones de ambos lados llenaron el aire. Pronto estallaron en una pelea abierta, terminando la reunión. Tres meses después, el papa Gregorio XI emitió cinco toros (edictos eclesiásticos) contra Wycliffe, en los que Wycliffe fue acusado de 18 cargos y fue llamado «el maestro de los errores».

En una audiencia posterior ante el arzobispo en el Palacio Lambeth, Wycliffe respondió: «Estoy listo para defender mis convicciones incluso hasta la muerte [...]. He seguido las Sagradas Escrituras y a los santos eruditos». Continuó diciendo que el papa y la iglesia eran los segundos en autoridad después de las Escrituras.

Esto no le gustó a Roma, pero debido a la popularidad de Wycliffe en Inglaterra y una división posterior en el papado (el Gran Cisma de 1378, cuando se eligieron dos papas rivales), Wycliffe fue puesto bajo «arresto domiciliario» y dejó su parroquia de Lutterworth.

Disputa contra la iglesia

Profundizó su estudio de las Escrituras y escribió más sobre sus conflictos con la enseñanza oficial de la iglesia. Escribió en contra de la doctrina de la transubstanciación: «El pan al convertirse, gracias a la virtud de las palabras de Cristo, en el cuerpo de Cristo, no deja de ser pan».

Él desafió las indulgencias: «Es claro para mí que nuestros prelados al conceder indulgencias comúnmente blasfeman la sabiduría de Dios».

Repudió el confesionario: «La confesión privada [...] no fue ordenada por Cristo y no fue utilizada por los apóstoles».

Reiteró la enseñanza bíblica sobre la fe: «Confía totalmente en Cristo; descansa por completo en Sus sufrimientos; ten cuidado con buscar ser justificado de alguna otra manera que no sea por Su justicia».

Creyendo que todo cristiano debería tener acceso a las Escrituras (solo había traducciones al latín disponibles en ese momento), comenzó a traducir la Biblia al inglés, con la ayuda de su buen amigo John Purvey.

La iglesia se opuso con amargura: «Por esta traducción, las Escrituras se han vuelto vulgares, y están más disponibles para laicos, e incluso para mujeres que saben leer, que para eruditos que tienen una gran inteligencia. Así la perla del evangelio es esparcida y pisoteada por los cerdos».

Wycliffe respondió: «Los ingleses aprenden mejor la ley de Cristo en inglés. Moisés escuchó la ley de Dios en su propia lengua; también los apóstoles de Cristo».

Wycliffe murió antes de que se completara la traducción (y antes de que las autoridades pudieran condenarlo por herejía); su amigo Purvey es considerado el responsable por la versión de la Biblia «Wycliffe» que tenemos hoy. Aunque los seguidores de Wycliffe (que llegaron a llamarse «Lollards», en referencia a la regicón donde originalmente tuvieron poder) fueron conducidos a la clandestinidad, continuaron siendo una irritación persistente para las autoridades católicas inglesas hasta que la Reforma inglesa hizo que sus puntos de vista fueran la norma.

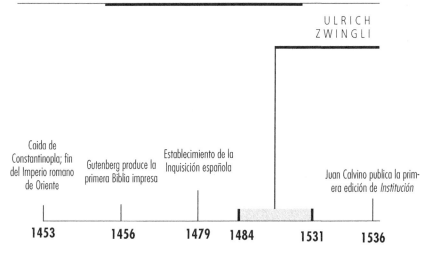

ULRICH
ZWINGLI

Caida de
Constantinopla; fin
del Imperio romano
de Oriente

Gutenberg produce la
primera Biblia impresa

Establecimiento de la
Inquisición española

Juan Calvino publica la primera edición de *Institución*

1453   **1456**   **1479**   **1484**   **1531**   **1536**

ULRICH ZWINGLI

REFORMADOR MILITANTE SUIZO

«Por el amor de Dios, no te pongas en desacuerdo con la Palabra de Dios. Porque sin duda persistirá tan seguramente como el Rin sigue su curso. Tal vez uno pueda reprimirla por un tiempo, pero es imposible detenerla».

Ulrich Zwingli, el capellán de la ciudad, se presentó ante el Ayuntamiento de Zúrich en enero de 1523. Los vientos de reforma se habían abierto paso sobre los Alpes desde la Alemania de Lutero, y Zwingli presentó 67 tesis, comenzando con: «Todos los que dicen que el evangelio no es válido sin la confirmación de la iglesia erran y calumnian a Dios». Aunque 28 tesis menos que las 95 Tesis de Lutero, publicadas unos seis años antes, los argumentos de Zwingli fueron más persuasivos: las autoridades le dieron permiso para continuar su predicación, que enfatizaba a Cristo primero y a la iglesia en segundo término («Cristo es el único mediador entre Dios y nosotros», establecía otra de las tesis de Zwingli). La Reforma en Suiza ahora estaba en camino, y Zwingli jugaría el papel clave en los primeros años.

Ansioso por su cargo

Zwingli nació de un exitoso agricultor en el valle de Toggaburg de los Alpes bajos orientales. Aquí Zwingli desarrolló un profundo amor por su tierra natal. Más tarde tradujo una línea del Salmo 23: «En los hermosos Alpes, me hará descansar», y usó el río Rin como ilustración de un tema clave de su predicación: «Por el amor de Dios, no te pongas en desacuerdo con la Palabra de Dios. Porque sin duda persistirá tan seguramente como el Rin sigue su curso. Tal vez uno pueda reprimirla por un tiempo, pero es imposible detenerla».

Pero Zwingli tardó años en descubrir el poder de esta Palabra. Después de graduarse de la Universidad de Basilea en 1506, se convirtió en párroco en Glarus. Desde el principio, se tomó en serio sus deberes sacerdotales. Más tarde escribió: «Aunque era joven, los deberes eclesiásticos me inspiraban más miedo que alegría, porque lo sabía y sigo convencido de que rendiría cuentas de la sangre de las ovejas que perecieran como consecuencia de mi descuido».

El sentimiento de responsabilidad por su cargo (en lugar de, como Lutero, una búsqueda personal de salvación) motivó el creciente interés de Zwingli por la Biblia. En una época en que los sacerdotes a menudo no estaban familiarizados con las Escrituras, Zwingli se enamoró de ellas, después de comprar una copia de la traducción al latín del Nuevo Testamento de Erasmo. Comenzó a enseñarse griego, compró una copia del Nuevo Testamento griego de Erasmo, y comenzó a memorizar largos pasajes. En 1519 comenzó a predicar del Nuevo Testamento con regularidad.

En privado, Zwingli también comenzó a desafiar las costumbres de la cristiandad medieval que él consideraba no bíblicas. Había luchado con el celibato clerical durante algún tiempo (e incluso admitió que, como joven sacerdote, había tenido un amorío). En 1522 se casó en secreto. Ese mismo año, rompió el ayuno tradicional de Cuaresma (comiendo salchichas en público) y escribió en contra del ayuno.

Para 1523 estaba listo para llevar sus ideas a un público más amplio, y en enero lo hizo ante el Ayuntamiento de Zurich en lo que ahora se llama la Primera Disputa. La Segunda Disputa se produjo en octubre, y con la aprobación del consejo, se llevaron a cabo más reformas: las imágenes de Jesús, María y los santos se eliminaron de las iglesias; la Biblia debía tener preeminencia.

Argumentos sobre la Cena

Las cosas se movieron rápidamente después de eso. En 1524 se casó públicamente con su esposa e insistió en que los pastores tenían derecho a casarse. En 1525, él y otros convencieron a la ciudad de abolir la Misa con énfasis en el milagro de la transubstanciación, y reemplazarla con un servicio simple que incluyera la Cena del Señor, pero solo como algo simbólico.

Al final resultó que fue la Cena del Señor la que impidió la unión de los movimientos de reforma alemán y suizo. En una reunión de 1529 en Marburg, convocada para unir los dos movimientos, Lutero y Zwingli se reunieron. Aunque acordaron 14 puntos de doctrina, tropezaron con el decimoquinto: la Cena del Señor. Contra la opinión de

Zwingli, Lutero insistió en la presencia literal de Cristo. Zwingli se resistió. Lutero dijo que Zwingli era del diablo y que no era más que un loco. A Zwingli le molestaba que Lutero lo tratara «como un imbécil». Fue evidente que no era posible la reconciliación.

Zwingli murió dos años después en batalla, defendiendo Zúrich contra las fuerzas católicas, y se terminaron los planes para difundir la Reforma en la Suiza alemana. Aun así, Zúrich siguió siendo protestante, y bajo el liderazgo de Heinrich Bullinger, el sucesor de Zwingli, esta rama única de la Reforma continuó floreciendo.

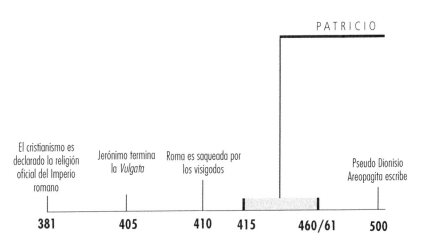

PATRICIO

El cristianismo es declarado la religión oficial del Imperio romano

Jerónimo termina la *Vulgata*

Roma es saqueada por los visigodos

Pseudo Dionisio Areopagita escribe

381   405   410   415   460/61   500

MISIONEROS

PATRICIO

SANTO PATRONO DE IRLANDA

«Diariamente espero asesinato, fraude o cautiverio, pero no temo a ninguna de estas cosas debido a las promesas del cielo. Me he puesto en manos de Dios todopoderoso que gobierna en todas partes».

Patricio es recordado hoy como el santo que expulsó a las serpientes de Irlanda (no es cierto), el maestro que usó el trébol para explicar la Trinidad (en duda) y el homónimo de los desfiles anuales en Nueva York y Boston. Lo que es menos conocido es que Patricio era un humilde misionero (este santo se refería a sí mismo como «un pecador») de enorme valor. Cuando evangelizó Irlanda, puso en marcha una serie de eventos que afectaron toda Europa. Todo comenzó cuando unos asaltantes irlandeses lo llevaron a la esclavitud.

Escape del pecado y la esclavitud

Patricio, un británico romanizado de 16 años, fue vendido a un cruel jefe guerrero que clavaba las cabezas de sus oponentes sobre postes afilados alrededor de su empalizada en Irlanda del Norte. Mientras Patricio cuidaba de los cerdos de su amo en las colinas cercanas, él mismo vivía como un animal, soportando largos períodos de hambre, sed y aislamiento. Un cristiano nominal hasta este punto, se volvió hacia el Dios cristiano de sus padres en busca de consuelo.

«Oraba constantemente durante el día», recordó más tarde. «El amor de Dios y el temor a Él me rodeaban cada vez más. Y la fe creció. Y el espíritu se despertó de tal manera que en un día pronunciaba hasta cien oraciones, y en la noche solo un poco menos».

Después de seis años de esclavitud, una voz misteriosa y sobrenatural le habló: «Pronto volverás a tu tierra natal».

Así que Patricio huyó y corrió 300 kilómetros hasta un puerto del sudeste. Allí abordó un barco de comerciantes con destino a Europa.

Regreso a la patria

Después de unos años en el continente, Patricio regresó a su familia en Inglaterra, solo para ser llamado a Irlanda como evangelista.

«Me parecía escuchar la voz de los mismos hombres que vivían al lado del bosque de Foclut [...] y gritaban como con una sola voz: "Te pedimos, joven sirviente, que vengas y camines entre nosotros". Me conmovió profundamente y no pude seguir más, así que me desperté».

Se desconoce si Patricio fue el primer misionero en Irlanda o no, pero el paganismo aún era dominante cuando llegó. «Habito entre gentiles», escribió, «en medio de bárbaros paganos, adoradores de ídolos y de cosas inmundas».

La misión de Patricio se enfrentó a la mayor oposición de los druidas, que practicaban magia, eran hábiles en el aprendizaje secular (especialmente derecho e historia) y aconsejaban a los reyes irlandeses. Las biografías del santo están repletas de historias de druidas que «deseaban matar a San Patricio».

Patricio escribió: «Diariamente espero asesinato, fraude o cautiverio, pero no temo a ninguna de estas cosas debido a las promesas del cielo. Me he puesto en manos de Dios todopoderoso que gobierna en todas partes».

Patricio estaba tan convencido como los celtas de que el poder de los druidas era real, pero traía noticias de un poder más fuerte. La famosa Lorica (o «Coraza de Patricio»), una oración de protección, puede no haber sido escrita por Patricio (al menos en su forma actual), pero expresa perfectamente la confianza de Patricio en Dios para protegerlo de «toda fuerza feroz y despiadada que pueda venir sobre mi cuerpo y alma».

Probablemente hubo una confrontación entre Patricio y los druidas, pero los eruditos dudan que fuera tan dramática y mágica como la relataron historias posteriores. Un biógrafo de finales de los años 600, Muirchú, describió a Patricio desafiando a los druidas a concursos en Tara, en los que cada parte intentaba superar a la otra en hacer maravillas ante la audiencia. Según la leyenda, Patricio ganó cuando Dios mató a varios druidas y soldados: «El rey convocó a su consejo y dijo: "Es mejor para mí creer que morir". Y creyó como muchos otros ese día».

Sin embargo, para Patricio, el mayor enemigo era uno con el que había estado íntimamente familiarizado: la esclavitud. De hecho, fue uno de los primeros cristianos en hablar en contra de la práctica. Los estudiosos coinciden en que es el verdadero autor de una carta de excomulgación a un tirano britániico, Coroticus, quien había llevado a la esclavitud a algunos de los conversos de Patricio.

«Los lobos hambrientos se tragaron el rebaño del Señor que florecía en Irlanda», escribió, «y toda la iglesia clama y lamenta a sus hijos e hijas». Llamó el acto de Coroticus «malvado, tan horrible, tan indescriptible» y le dijo que se arrepintiera y liberara a los conversos.

No se sabe si tuvo éxito en la liberación de los esclavos de Coroticus, pero durante su vida (o poco después), todo el comercio de esclavos irlandés había terminado.

Duda

A pesar de su éxito como misionero, Patricio era cohibido, especialmente por su formación académica. «Todavía me sonrojo y temo más que nada que mi falta de estudios salga a la luz», escribió en su *Confesión*. «Ya que no puedo explicar lo que pienso a las personas cultas».

Sin embargo, dio gracias a Dios, «quien me usó a mí, un tonto, en medio de aquellos que se consideran sabios en la práctica de la ley, así como persuasivos en su discurso y, por delante de estos otros, me inspiró a mí que soy tan despreciado por el mundo».

Una y otra vez, Patricio escribió que no era digno de ser obispo. No era el único con dudas. En un momento, sus ancianos eclesiásticos en Gran Bretaña enviaron una delegación para investigar su misión. Se plantearon una serie de preocupaciones, incluido un momento de pecado (no especificado) de su juventud. Su Confesión, de hecho, fue escrita en respuesta a esta investigación.

Aunque Patricio no confiaba en sus propias deficiencias, tenía un profundo sentido de la íntima participación de Dios en su vida. «He conocido a Dios como mi autoridad, porque Él sabe todas las cosas incluso antes de que se hagan», escribió. «Con frecuencia me advertía de muchas cosas mediante Su respuesta divina».

«Llama de un sol espléndido»

Según los anales irlandeses, Patricio murió en 493, cuando habría tenido más de setenta años. Pero no sabemos con certeza cuándo, dónde o cómo murió. Monasterios en Armagh, Downpatrick y Saul han reclamado sus restos. Hay registros de su día de fiesta desde el 17 de marzo de 797, con la anotación; «La llama de un sol espléndido, el apóstol de la virgen Erin [Irlanda], pueda Patricio con muchos miles ser el refugio de nuestra maldad».

Siempre será difícil separar los hechos de la ficción en las historias de los biógrafos de Patricio. Sin embargo, es históricamente claro que Patricio fue uno de los primeros grandes misioneros que llevó el evangelio más allá de los límites de la civilización romana. Según la tradición, solo el sur inaccesible de Irlanda no se había visto afectado por su trabajo cuando él murió.

Patricio también se convirtió en el modelo para los cristianos celtas posteriores. Se dedicaba a la oración continua. Fue cautivado por Dios y amaba las Sagradas Escrituras. También tenía una rica imaginación poética con la apertura para escuchar a Dios en sueños y visiones y un amor por la naturaleza. Cientos de monjes celtas, en emulación de Patricio, dejaron su tierra natal para difundir el evangelio en Escocia, Inglaterra y Europa continental.

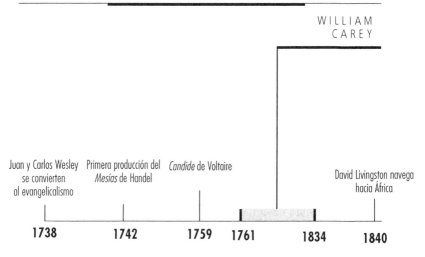

WILLIAM
CAREY

Juan y Carlos Wesley
se convierten
al evangelicalismo

Primera producción del
Mesías de Handel

Candide de Voltaire

David Livingston navega
hacia África

1738   **1742**   **1759**   **1761**   **1834**   **1840**

MISIONEROS

WILLIAM CAREY

PADRE DE LAS MISIONES PROTESTANTES MODERNAS

«Espera grandes cosas; intenta grandes cosas».

En una reunión de los líderes bautistas a finales de 1700, un ministro recién ordenado argumentó a favor del valor de las misiones en el extranjero. Fue interrumpido abruptamente por un ministro mayor que dijo: «¡Joven, siéntate! Eres un entusiasta. Cuando Dios quiera convertir a los paganos, lo hará sin consultarnos a ti ni a mí».

Que esta actitud sea inconcebible hoy en día se debe en gran medida a los esfuerzos posteriores de ese joven, William Carey.

Perseverancia

Carey se crió en la oscura aldea rural de Paulerpury, en el centro de Inglaterra. Fue aprendiz en una tienda local de zapateros, donde se convirtió en anglicano nominal. Siguió con entusiasmo la fe, y aunque poco educado, el joven convertido tomó prestado un libro de gramática griega y comenzó a aprender por sí mismo el griego del Nuevo Testamento.

Cuando su maestro murió, se dedicó a la fabricación de zapatos en la cercana Hackleton, donde conoció a Dorothy Parker y se casó con ella, quien pronto dio a luz a una hija. Pero la vida del aprendiz de zapatero fue difícil: el niño murió a los 2 años y su sueldo era insuficiente. La familia de Carey se hundió en la pobreza y permaneció allí incluso después de que se hizo cargo del negocio.

«Puedo trabajar duro», escribió más tarde, «puedo perseverar en cualquier actividad definida». Al mismo tiempo, continuó sus estudios de idiomas, añadiendo hebreo y latín, y se convirtió en un predicador con los bautistas. También continuó persiguiendo su interés de por vida en los asuntos internacionales, especialmente la vida religiosa de otras culturas.

Carey estaba impresionado con los primeros misioneros moravos y estaba cada vez más consternado por la falta de interés misionero de sus compañeros protestantes. En respuesta, escribió *Una investigación sobre las obligaciones de los cristianos de usar medios para la conversión de los paganos*. Argumentó que la Gran Comisión de Jesús se aplicaba a todos los cristianos de todos los tiempos, y criticó a sus compañeros creyentes de su época por ignorarla: «Multitudes se sientan cómodas y no se preocupan por la mayor parte de sus compañeros pecadores, quienes actualmente se pierden en la ignorancia y la idolatría».

Carey no se detuvo allí: en 1792 organizó una sociedad misionera, y en su reunión inaugural predicó un sermón con el llamado: «Espera grandes cosas; intenta grandes cosas». Un año después, Carey, John Thomas (un ex cirujano) y la familia de Carey (que ahora incluía a tres niños y a otro niño en camino) estaban en un barco rumbo a la India.

Extraño en tierra desconocida

Thomas y Carey habían subestimado enormemente lo que costaría vivir en la India, y los primeros años de Carey fueron miserables. Cuando Thomas abandonó la empresa, Carey se vio obligado a trasladar a su familia en varias ocasiones mientras buscaba un empleo que pudiera mantenerlos. La enfermedad atormentó a la familia, y la soledad y el arrepentimiento lo invadieron: «Estoy en una tierra extraña», escribió, «ningún amigo cristiano, una familia numerosa y nada para satisfacer sus necesidades». Pero también mantuvo la esperanza: «Bueno, tengo a Dios, y Su Palabra es segura».

Aprendió bengalí con la ayuda de un experto, y en unas pocas semanas comenzó a traducir la Biblia al bengalí y a predicar en pequeñas reuniones.

Cuando el propio Carey contrajo malaria, y luego su hijo Peter de 5 años murió de disentería, esto fue demasiado para su esposa, Dorothy, cuya salud mental se deterioró rápidamente. Ella sufrió delirios, acusó a Carey de adulterio y lo amenazó con un cuchillo. Eventualmente tuvo que ser confinada a una habitación y restringida físicamente.

«Este es, de hecho, el valle de la sombra de la muerte para mí», escribió Carey, aunque agregó de manera característica, «pero a pesar de ello me alegro de estar aquí; y Dios está aquí».

Don de lenguas

En octubre de 1799, las cosas finalmente cambiaron. Fue invitado a ubicarse en un asentamiento danés en Serampore, cerca de Calcuta. Ahora estaba bajo la protección de los daneses, quienes le permitieron predicar legalmente (en las áreas controladas por los británicos de la India, todo el trabajo misionero de Carey había sido ilegal).

A Carey se unieron William Ward, un impresor, y Joshua y Hanna Marshman, maestros. Las finanzas de la misión aumentaron considerablemente cuando Ward comenzó a obtener contratos de impresión gubernamentales, los Marshman abrieron escuelas para niños y Carey comenzó a enseñar en el Fort William College en Calcuta.

En diciembre de 1800, después de siete años de trabajo misionero, Carey bautizó a su primer converso, Krishna Pal, y dos meses después, publicó su primer Nuevo Testamento en bengalí.

Con esta y las ediciones posteriores, Carey y sus colegas sentaron las bases para el estudio del bengalí moderno, que hasta ese momento había sido un «dialecto inestable».

Carey siguió esperando grandes cosas. Durante los siguientes 28 años, él y sus expertos tradujeron la Biblia completa a los principales idiomas de la India: bengalí, oriya, maratí, hindi, asamés y sánscrito y a partes de otros 209 idiomas y dialectos. También buscó reformas sociales en la India, incluida la abolición del infanticidio, la quema de viudas (sati) y el suicidio asistido. Él y los Marshmans fundaron el Serampore College en 1818, una escuela de divinidad para indios, que hoy ofrece educación teológica y de artes liberales para unos 2500 estudiantes.

Para cuando Carey murió, había pasado 41 años en India sin permiso. Su misión solo podía contar con unos 700 conversos en una nación de millones, pero había establecido una base impresionante de traducciones de la Biblia, educación y reforma social.

Su mayor legado fue en el movimiento misionero mundial del siglo XIX que él inspiró. Misioneros como Adoniram Judson, Hudson Taylor y David Livingstone, entre miles de otros, quedaron impresionados no solo por el ejemplo de Carey, sino por sus palabras: «Espera grandes cosas; intenta grandes cosas». La historia de las misiones protestantes del siglo XIX es, en muchos sentidos, un comentario extendido sobre esta frase.

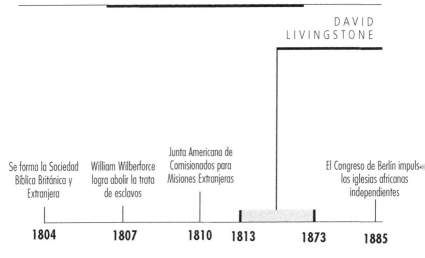

DAVID
LIVINGSTONE

Se forma la Sociedad
Bíblica Británica y
Extranjera

William Wilberforce
logra abolir la trata
de esclavos

Junta Americana de
Comisionados para
Misiones Extranjeras

El Congreso de Berlín impuls
las iglesias africanas
independientes

1804 1807 1810 1813 1873 1885

MISIONEROS

DAVID LIVINGSTONE

MISIONERO Y EXPLORADOR DE ÁFRICA

«Estoy sirviendo a Cristo cuando le disparo a un búfalo por mis hombres o salgo a explorar, [incluso si algunos] lo consideran insuficiente o no misionero».

Con tres dramáticas palabras, «¿Dr. Livingstone, supongo?», palabras que el periodista Henry Morton Stanley ensayó de antemano, David Livingstone se volvió inmortal. Stanley se quedó con Livingstone durante cinco meses y luego se fue a Inglaterra para escribir su exitoso libro, *How I Found Livingstone* [Cómo encontré a Livingstone]. Livingstone, mientras tanto, se perdió de nuevo, en un pantano que literalmente le llegaba hasta el cuello. Después de un año y medio, murió en una choza de barro, arrodillado junto a su catre en oración.

Todo el mundo civilizado lloró. Le dieron un saludo de 21 disparos y el funeral de un héroe entre los santos en la Abadía de Westminster.

«Llevado por manos fieles por tierra y mar», dice su lápida, «David Livingstone: misionero, viajero, filántropo. Por 30 años dedicó su vida a un esfuerzo incansable de evangelizar a las razas nativas, explorar los secretos no descubiertos y abolir el comercio de esclavos». Era la Madre Teresa, Neil Armstrong y Abraham Lincoln en una persona.

Hombre de carretera

A los 25 años, después de pasar una infancia trabajando 14 horas al día en una fábrica de algodón, seguido de etudio en clase y por su cuenta, Livingstone quedó cautivado con una petición por misioneros médicos para China. Sin embargo, mientras entrenaba, la puerta

de China se cerró de golpe por la Guerra del Opio. En seis meses, conoció a Robert Moffat, un veterano misionero del sur de África, que lo cautivó con historias de su estación remota, que brillaba en el sol de la mañana con «el humo de mil pueblos donde ningún misionero había estado antes».

Durante diez años, Livingstone intentó ser un misionero convencional en el sur de África. Abrió una serie de estaciones en «las regiones más allá», donde se estableció, enseñando en la escuela y supervisando el jardín. Después de cuatro años de soltero, se casó con la hija de su «jefe», Mary Moffat.

Desde el principio, Livingstone mostró signos de inquietud. Después de que su único converso decidiera regresar a la poligamia, Livingstone se sintió más llamado que nunca a explorar. Durante su primer periodo en Sudáfrica, Livingstone hizo algunas de las más prodigiosas, y más peligrosas, exploraciones del siglo xix. Su objetivo era abrir un «Camino Misionero» (también lo llamó «Carretera de Dios»), 2500 kilómetros al norte para llevar «cristianismo y civilización» a los pueblos no alcanzados.

Explorador de Cristo

En estos primeros viajes, las peculiaridades interpersonales de Livingstone ya eran evidentes. Tenía una singular incapacidad de llevarse bien con otros occidentales. Discutió con misioneros, compañeros exploradores, asistentes y (más tarde) con su hermano Carlos. Guardó rencor durante años. Tenía el temperamento de un lector de libros solitario, emocionalmente inarticulado, excepto cuando explotaba con ira escocesa. Tenía poca paciencia con las actitudes de los misioneros con «mentes miserablemente contraídas» que habían absorbido «la mentalidad colonial» con respecto a los nativos. Cuando Livingstone habló en contra de la intolerancia racial, los *afrikaners* blancos intentaron expulsarlo, quemando su estación y robando a sus animales.

También tuvo problemas con la Sociedad Misionera de Londres, quien sintió que sus exploraciones lo estaban distrayendo de su trabajo misionero. Sin embargo, a lo largo de su vida, Livingstone siempre se consideró a sí mismo principalmente como un misionero, «no como una persona rechoncha con una Biblia bajo los brazos, [sino alguien] que sirve a Cristo cuando le dispara a un búfalo por sus hombres o sale a explorar, [incluso si algunos] lo consideraran insuficiente o no misionero».

Aunque separados de los blancos, los nativos amaban su trato, su paternalismo áspero y su curiosidad. También pensaron que podría protegerlos o suministrarles armas. Más que la mayoría de los europeos, Livingstone les habló con respeto, de *laird* escocés a jefe africano. Algunos exploradores llevaban hasta 150 maleteros cuando viajaban; Livingstone viajaba con 30 o menos.

En un viaje épico de tres años desde el Océano Atlántico hasta el Océano Índico (supuestamente el primero de un europeo), Livingstone conoció el río Zambezi de 2700 kilómetros de largo. El río también era el hogar de las Cataratas Victoria, el descubrimiento más impresionante de Livingstone. La escena fue «tan encantadora», escribió más tarde, que «los ángeles debían contemplarla en su vuelo».

A pesar de su belleza, el Zambezi era un río de miseria humana. Conectaba las colonias portuguesas de Angola y Mozambique, los principales proveedores de esclavos para Brasil, que a su vez le vendían a Cuba y Estados Unidos. Aunque Livingstone fue impulsado en parte por el deseo de crear una colonia británica, su principal ambición era exponer el comercio de esclavos y cortarlo desde la fuente. Él creía que el arma más fuerte en esta tarea era la civilización comercial cristiana. Esperaba reemplazar la economía esclava «ineficiente» con una economía capitalista: comprar y vender bienes en lugar de personas.

La desafortunada expedición Zambezi

Después de un breve retorno heroico a Inglaterra, Livingstone regresó a África, esta vez para navegar 2000 kilómetros por el Zambezi en un barco de vapor hecho de latón y caoba para establecer una misión cerca de las Cataratas Victoria. El bote era de tecnología de punta, pero resultó demasiado frágil para la expedición. El agua se filtró horriblemente después de encallar en repetidas ocasiones en bancos de arena.

Livingstone exigió a sus hombres más allá de la resistencia humana. Cuando llegaron a una cascada de nueve metros, él agitó la mano, como si quisiera alejarla, y dijo: «No se supone que esté allí». Su esposa, que acababa de dar a luz a su sexto hijo, murió en 1862 junto al río, solo una de varias vidas reclamadas en el viaje. Dos años más tarde, el gobierno británico, que no tenía interés en «forzar a los vaporizadores a subir cataratas», mandó llamar a Livingstone y su grupo misionero.

Un año más tarde, volvió a África, esta vez dirigiendo una expedición patrocinada por la *Royal Geographical Society* y amigos adinerados. «No iré simplemente como geógrafo», enfatizó, pero como escribió el biógrafo Tim Jeal, «es difícil juzgar si su principal motivo fue la búsqueda de la fuente del Nilo o su deseo de exponer la trata de esclavos». La fuente del Nilo era el gran rompecabezas geográfico del día. Pero lo más importante para Livingstone era la posibilidad de demostrar que la Biblia era verdadera al rastrear las raíces africanas del judaísmo y el cristianismo.

Durante dos años, simplemente desapareció, sin enviar ninguna carta ni información. Más tarde escribió que había estado tan enfermo que ni siquiera podía levantar un bolígrafo, pero que pudo leer la Biblia cuatro veces. La desaparición de Livingstone fascinó al público tanto como Amelia Earhart unas pocas generaciones después.

Cuando el periodista estadounidense Henry Stanley encontró a Livingstone, la noticia estalló en Inglaterra y Estados Unidos. Los diarios lanzaron ediciones especiales dedicadas a la famosa reunión. En agosto de 1872, con salud precaria, Livingstone estrechó la mano de Stanley y emprendió su viaje final.

Cuando Livingstone llegó a África en 1841, el continente era tan exótico como el espacio exterior, era llamado el «continente oscuro» y el «cementerio del hombre blanco». Aunque los portugueses, holandeses e ingleses estaban empujando hacia el interior, los mapas africanos tenían áreas en blanco completamente inexploradas: sin carreteras, sin países, sin puntos de referencia. Livingstone ayudó a volver a dibujar los mapas, explorando lo que ahora son una docena de países, incluidos Sudáfrica, Ruanda, Angola y la República del Congo (anteriormente Zaire). Hizo que Occidente se diera cuenta de la continua maldad de la esclavitud africana, lo que llevó a su eventual prohibición.

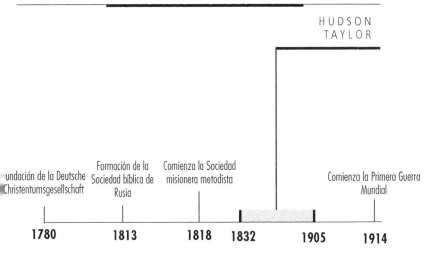

HUDSON
TAYLOR

Fundación de la Deutsche Christentumsgesellschaft

Formación de la Sociedad bíblica de Rusia

Comienza la Sociedad misionera metodista

Comienza la Primera Guerra Mundial

1780   1813   1818   1832   1905   1914

MISIONEROS

HUDSON TAYLOR

MISIONERO DE FE EN CHINA

«China no debe ser ganada para Cristo por hombres y mujeres tranquilos y amables [...]. La característica de los hombres y las mujeres que necesitamos es que pongan a Jesús, a China, [y] a las almas en primer lugar en todo y en todo momento, incluso la vida misma debe ser secundaria».

En septiembre de 1853, un pequeño barco de tres mástiles zarpó en silencio del puerto de Liverpool con Hudson Taylor, un delgado misionero de 21 años, a bordo. Se dirigía a un país que acababa de entrar en la conciencia del cristianismo occidental; solo unas pocas docenas de misioneros servían allí. Sin embargo, cuando Taylor murió medio siglo después, China era considerada como el campo de misiones más fértil y desafiante, ya que miles de personas se ofrecían anualmente para servir allí.

181

Misionero radical

Taylor nació de James y Amelia Taylor, una pareja metodista fascinada con el Lejano Oriente que había orado por su recién nacido: «Concede que pueda trabajar para ti [Dios] en China». Años después, en su adolescencia, Hudson experimentó un nacimiento espiritual durante un intenso tiempo de oración mientras yacía postrado, como luego dijo, «delante de Él con asombro y alegría indescriptibles». Pasó los años siguientes en una preparación frenética, aprendiendo los rudimentos de la medicina, estudiando mandarín y sumergiéndose cada vez más en la Biblia y la oración.

Su barco llegó a Shanghai, uno de los cinco «puertos del tratado» que China había abierto a los extranjeros después de su primera Guerra del Opio con Inglaterra. Casi de inmediato, Taylor tomó una decisión radical (al menos para los misioneros protestantes de la época): decidió vestirse con ropa china y dejarse crecer una coleta (como lo hacían los hombres chinos). Sus compañeros protestantes estaban incrédulos y otros lo criticaban.

Taylor, por su parte, no estaba contento con la mayoría de los misioneros que veía: creía que eran «mundanos» y pasaban demasiado tiempo con empresarios y diplomáticos ingleses que necesitaban sus servicios como traductores. En cambio, Taylor quería que la fe cristiana fuera llevada al interior de China. A los pocos meses de llegar, y cuando el idioma nativo seguía siendo un desafío, Taylor, junto con Joseph Edkins, se dirigieron al interior, zarpando por el río Huangpu distribuyendo Biblias y tratados chinos.

Cuando la Sociedad China de Evangelización, que había patrocinado a Taylor, demostró ser incapaz de pagar a sus misioneros en 1857, Taylor renunció y se convirtió en un misionero independiente; confiando en Dios para satisfacer sus necesidades. El mismo año, se casó con Maria Dyer, hija de misioneros ubicados en China. Continuó trabajando y su pequeña iglesia en Ningpo creció a 21 miembros. Pero en 1861, se enfermó gravemente (probablemente de hepatitis) y se vio obligado a regresar a Inglaterra para recuperarse.

En Inglaterra, el inquieto Taylor continuó traduciendo la Biblia al chino (un trabajo que había comenzado en China), estudió para convertirse en partero y reclutó a más misioneros. Preocupado porque la gente en Inglaterra parecía tener poco interés en China, escribió *China: Its Spiritual Need and Claims* [China: Su necesidad espiritual y exigencias]. En un pasaje, reprendió: «¿Pueden todos los cristianos en Inglaterra sentarse con los brazos cruzados mientras estas multitudes [en China] están pereciendo, pereciendo por falta de conocimiento, por falta de ese conocimiento que Inglaterra posee tan ricamente?».

Taylor se convenció de que se necesitaba una organización especial para evangelizar el interior de China. Hizo planes para reclutar 24 misioneros: dos para cada una de las 11 provincias del interior no alcanzadas y dos para Mongolia. Era un plan visionario que habría dejado a los reclutadores veteranos sin aliento: aumentaría el número de misioneros en China en un 25 %.

Taylor mismo estaba lleno de dudas: le preocupaba enviar hombres y mujeres desprotegidos al interior; al mismo tiempo, desesperaba por los millones de chinos, quienes morían sin la esperanza del evangelio. En 1865 escribió en su diario: «Por dos o tres meses, conflicto intenso […]. Pensé que perdería la cabeza». Un amigo lo invitó a la costa sur de Inglaterra, a Brighton, para que tomara un descanso.

Y fue allí, mientras caminaba por la playa, que la tristeza de Taylor se esfumó: «Allí el Señor conquistó mi incredulidad, y me entregué a Dios para este servicio. Le dije que toda responsabilidad en cuanto a los problemas y las consecuencias debían recaer en Él; que como su sirviente era mi deber obedecerlo y seguirlo».

Su nueva misión, que llamó la Misión al Interior de China (CIM), tenía una serie de características distintivas, entre ellas: sus misioneros no tendrían salarios garantizados ni podrían solicitar fondos; ellos simplemente confiarían en Dios para suplir sus necesidades; además, sus misioneros adoptarían la vestimenta china y luego llevarían el evangelio hacia el interior de China.

Un año después, Taylor, su esposa y sus cuatro hijos, y 16 jóvenes misioneros partieron de Londres para unirse a otros cinco que ya estaban en China trabajando bajo la dirección de Taylor.

Tensiones en la organización

Taylor continuó exigiendo demasiado de sí mismo (atendía a más de 200 pacientes diariamente) y de los misioneros de la CIM, algunos de los cuales se resistían. Lewis Nicol, quien acusó a Taylor de tiranía, tuvo que ser despedido. Algunos misioneros de la CIM, a raíz de esta y otras controversias, se fueron para unirse a otras misiones, pero en 1876, con 52 misioneros, la CIM constituía una quinta parte de la fuerza misionera en China.

Debido a que seguía habiendo tantos chinos a los que llegar, Taylor instituyó otra política radical: envió mujeres solteras al interior, una medida criticada por muchos veteranos. Pero la audacia de Taylor no conocía límites. En 1881, le pidió a Dios otros 70 misioneros y para fines de 1884 obtuvo 76. A fines de 1886, Taylor oró por otros 100 en un año; en noviembre de 1887, anunció que 102 candidatos habían sido aceptados para el servicio.

Su estilo de liderazgo y sus altos ideales crearon enormes tensiones entre los consejos de la CIM en Londres y China. Londres pensaba que Taylor era autocrático; Taylor respondió que solo estaba haciendo lo que creía que era mejor para el trabajo, y luego exigió más compromiso de los demás: «China no debe ser ganada para Cristo por hombres y mujeres tranquilos y amables [...]. La característica de los hombres y las mujeres que necesitamos es que pongan a Jesús, a China, [y] a las almas en primer lugar en todo y en todo momento, incluso la vida misma debe ser secundaria».

El agotador ritmo de trabajo de Taylor, tanto en China como en el extranjero (en Inglaterra, Estados Unidos y Canadá hablaba y reclutaba), se mantuvo a pesar de la su mala salud y sus episodios de depresión. Hasta que en 1900 tuvo un completo colapso físico y mental. El costo personal de la visión de Taylor también fue alto para su familia: su esposa María murió a los 33 años, y cuatro de ocho de sus hijos murieron antes de cumplir los 10 años (Taylor finalmente se casó con Jennie Faulding, una misionera de la CIM).

Entre su ética de trabajo y su absoluta confianza en Dios (a pesar de nunca solicitar fondos, su CIM creció y prosperó), inspiró a miles a abandonar las comodidades de Occidente para llevar el mensaje cristiano al vasto y desconocido interior de China. Aunque el trabajo misionero en China fue interrumpido por la toma del poder comunista en 1949, la CIM continúa hasta el día de hoy bajo el nombre de Overseas Missionary Fellowship.

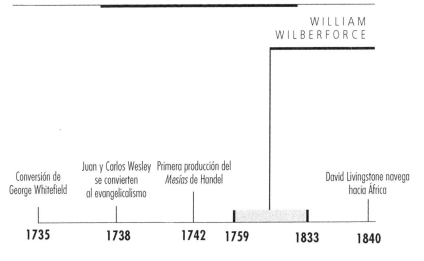

WILLIAM
WILBERFORCE

Conversión de
George Whitefield

Juan y Carlos Wesley
se convierten
al evangelicalismo

Primera producción del
Mesías de Handel

David Livingstone navega
hacia África

1735   **1738**   **1742** **1759**   **1833**   **1840**

WILLIAM WILBERFORCE

POLÍTICO EN CONTRA DE LA ESCLAVITUD

> *«Tan enorme, tan terrible, tan irremediable me pareció la maldad del comercio [de esclavos], que mi propia mente estaba completamente decidida a abolirlo. Que las consecuencias sean las sean: a partir de este momento determiné que nunca descansaría hasta que lograra su abolición».*

A finales de la década de 1700, cuando William Wilberforce era un adolescente, los comerciantes ingleses atacaron la costa de África, en el Golfo de Guinea, capturando entre 35 000 y 50 000 africanos en un año, los enviaron a través del Atlántico, y los vendieron como esclavos. Era un negocio rentable del que dependían muchas personas poderosas. Un publicista para el comercio de las Indias Occidentales escribió: «La imposibilidad de vivir sin esclavos en las Indias Occidentales impide que el tráfico de esclavos se detenga. La necesidad, la necesidad absoluta, entonces, de continuar con él, debe, ya que no hay otra, ser su excusa».

A finales de la década de 1700, la economía de la esclavitud estaba tan arraigada que solo un puñado de personas creían que se podía hacer algo al respecto. Ese puñado incluía a William Wilberforce.

Adquiriendo un propósito

Esto habría sorprendido a aquellos que conocían a Wilberforce de joven. Creció rodeado de riqueza. Era nativo de Hull y fue educado en la universidad de San Juan en Cambridge. Pero él no era un estudiante dedicado. Más tarde reflexionó: «Se hicieron tantos esfuerzos para hacerme ocioso como para hacerme estudioso». Un vecino en Cambridge añadió: «Cuando él [Wilberforce] regresaba tarde en la

noche a su habitación, me invitaba a unirme a él [...]. Era tan agradable y divertido que a menudo me pasaba la mitad de la noche sentado con él, en detrimento de mi asistencia a las conferencias del día siguiente».

Sin embargo, Wilberforce tenía ambiciones políticas y, con sus conexiones, logró ganar la elección al parlamento en 1780, donde formó una amistad duradera con William Pitt, el futuro primer ministro. Pero más tarde admitió: «Los primeros años en el Parlamento no hice nada; nada para ningún propósito. Mi propia distinción era mi apreciado objetivo».

Pero empezó a reflexionar profundamente sobre su vida, lo que condujo a un período de intensa tristeza. «Estoy seguro de que ninguna criatura humana podría sufrir más de lo que yo sufrí durante algunos meses», escribió más tarde. Superó su inusual abatimiento en la Pascua de 1786, «en medio del coro general con el que toda la naturaleza parece henchirse en una de esas mañanas con canto de alabanza y acción de gracias». Había experimentado un renacimiento espiritual.

Se abstuvo del alcohol y se autoevaluó rigurosamente como correspondía, según creía, a un verdadero cristiano. Aborrecía los eventos sociales que acompañaban a la política. Se preocupaba por «las tentaciones en la mesa», las fiestas sin fin, que él pensaba estaban llenas de vana e inútil conversación: «[Ellas] me descalifican para cada propósito útil en la vida, me hacen perder el tiempo, deterioran mi salud, llenan mi mente con pensamientos de resistencia antes y auto condena después».

Empezó a ver el propósito de su vida: «Mi andar es público», escribió en su diario. «Mi negocio está en el mundo, y debo involucrarme en los asuntos de los hombres o dejar el puesto que la Providencia parece haberme asignado».

En particular, dos causas le llamaron la atención. Primero, bajo la influencia de Thomas Clarkson, quedó absorto con el tema de la esclavitud. Más tarde escribió: «Tan enorme, tan terrible, tan irremediable me pareció la maldad del comercio [de esclavos], que mi propia mente estaba completamente decidida a abolirlo. Que las consecuencias sean las que sean: a partir de este momento determiné que nunca descansaría hasta que lograra su abolición».

Al principio Wilberforce estaba optimista, incluso de manera ingenua. No tenía dudas sobre sus posibilidades de rápido éxito. En 1789, él y Clarkson lograron que se introdujeran 12 resoluciones contra el comercio de esclavos, solo para que los superaran con respecto a puntos legales finos. El camino hacia la abolición fue bloqueado por intereses establecidos, obstrucciones parlamentarias, prejuicios arraigado, política internacional, disturbios de esclavos, enfermedades personales y miedo político. Otros proyectos de ley presentados por Wilberforce fueron derrotados en 1791, 1792, 1793, 1797, 1798, 1799, 1804 y 1805.

Cuando quedó claro que Wilberforce no iba a dejar el tema a un lado, las fuerzas proesclavistas lo atacaron. Él fue vilipendiado; los opositores hablaron de «la maldita doctrina de Wilberforce y sus aliados hipócritas». La oposición se volvió tan feroz que un amigo temía que algún día leyera que Wilberforce había sido «carbonizado [asado] por plantadores de las indias, cocinado por comerciantes africanos y comido por capitanes de Guinea».

Primer ministro de filantropía

La esclavitud fue solo una de las causas que encendió las pasiones de Wilberforce. Su segunda gran vocación fue la «reforma de los modales», es decir, la moral. A principios de 1787, concibió una sociedad que funcionaría, como lo expresa una proclamación real, «para fomentar la piedad y la virtud; y para prevenir el vicio, la blasfemia y la inmoralidad». Eventualmente se la conoció como la Sociedad para la Supresión del Vicio.

De hecho, Wilberforce, apodado «el primer ministro de un gabinete de filántropos», estuvo en algún momento activo apoyando 69 causas filantrópicas. Regalaba una cuarta parte de sus ingresos anuales a los pobres. Luchó en nombre de deshollinadores, madres solteras, escuelas dominicales, huérfanos y delincuentes juveniles. Ayudó a fundar grupos paraeclesiásticos como la Sociedad para Mejorar la Causa de los Pobres, la Sociedad Misionera de la Iglesia, la Sociedad Bíblica Británica y Extranjera y la Sociedad Antiesclavista.

En 1797, se estableció en Clapham, donde se convirtió en un miembro destacado de la «Secta Clapham», un grupo de cristianos devotos de influencia en el gobierno y los negocios. Ese mismo año, escribió *Visión práctica del sistema religioso predominante de los cristianos profesos*, una crítica mordaz del cristianismo cómodo que se convirtió en un éxito de ventas.

Todo esto a pesar de que la mala salud lo acosó toda su vida, a veces manteniéndolo en cama durante semanas. Durante uno de esos años, cuando tenía poco más de veinte años, escribió: «Todavía soy un prisionero, totalmente incapacitado, incluso para un negocio tan pequeño como al que ahora me dedico: además que mis ojos están tan mal que apenas puedo ver cómo dirigir mi bolígrafo».

Sobrevivió a este y otros episodios de enfermedades debilitantes con la ayuda del opio, un nuevo fármaco en ese momento, cuyos efectos aún se desconocían. Wilberforce pronto se volvió adicto, aunque los poderes alucinatorios del opio lo aterrorizaban, y las depresiones que le provocaron en ocasiones lo paralizaron.

Sin embargo, cuando estaba sano, era un político persistente y efectivo, en parte debido a su encanto natural y en parte a su elocuencia. Sus esfuerzos antiesclavistas finalmente dieron sus frutos en 1807: el Parlamento abolió la trata de esclavos en el Imperio británico. Luego trabajó para garantizar que se aplicaran las leyes de comercio de esclavos y, finalmente, que se aboliera la esclavitud en el Imperio británico. La salud de Wilberforce le impidió liderar el último cargo, aunque escuchó tres días antes de morir que la aprobación final del proyecto de ley de emancipación estaba asegurada en el comité.

Aunque algunos historiadores argumentan que Thomas Clarkson y otros fueron tan importantes en la lucha antiesclavista, Wilberforce, en cualquier caso, desempeñó un papel clave en, como el historiador G. M. Trevelyan lo expresó, «uno de los acontecimientos decisivos en la historia del mundo».

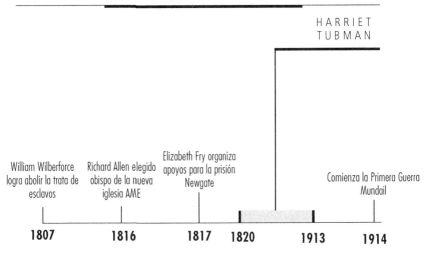

HARRIET
TUBMAN

William Wilberforce
logra abolir la trata de
esclavos

Richard Allen elegido
obispo de la nueva
iglesia AME

Elizabeth Fry organiza
apoyos para la prisión
Newgate

Comienza la Primera Guerra
Mundail

1807　　**1816**　　**1817**　**1820**　　**1913**　　**1914**

ACTIVISTAS
HARRIET TUBMAN
LA «MOISÉS» DE SU PUEBLO

«Yo siempre le decía a Dios: "Me mantendré firme en ti
y tú me sostendrás"».

En 1831, un esclavo de Kentucky llamado Tice Davids escapó al
estado libre de Ohio nadando a través del río Ohio. Su amo lo siguió
de cerca y vio a Davids llegar a tierra. Cuando volvió a mirar, Davids
no se encontraba por ningún lado. El amo de Davids regresó furioso
a Kentucky, exclamando a sus amigos que Davids «debió haber escapado por alguna carretera subterránea». El nombre se quedó, y nació
la leyenda del ferrocarril subterráneo.

Pasaron otras dos décadas antes de que el ferrocarril subterráneo
fuera de conocimiento nacional, principalmente debido a las heroi-
cas hazañas del «conductor» más famoso del ferrocarril subterráneo.

Moisés negra

Harriet Tubman fue criada como esclava en el este de Maryland, pero escapó en 1849. Cuando llegó por primera vez al norte, dijo más tarde, «Me miré las manos para ver si era la misma persona ahora que estaba libre. Había tal gloria sobre todo; el sol salía como oro a través de los árboles y los campos. Sentí que estaba en el cielo».

Sin embargo, Tubman no estaba satisfecha con su propia libertad. Hizo 19 viajes de regreso al sur y ayudó a escapar al menos a 300 compañeros esclavos, jactándose: «Nunca perdí un pasajero». Su guía de tantos hacia la libertad le valió el apodo de «Moisés».

Los amigos y compañeros abolicionistas de Tubman afirmaron que la fuente de su fuerza provenía de su fe en Dios como libertador y protector de los débiles. «Yo siempre le decía a Dios: "Me mantendré firme en ti y tú me sostendrás"».

Aunque los esclavistas enfurecidos publicaron una recompensa de 40 000 dólares por su captura, nunca fue detenida. «Solo puedo morir una vez» se convirtió en su lema, y con esa filosofía ella cumplió su misión de liberación.

Siempre hacía sus intentos de rescate en invierno, pero evitaba ir a las plantaciones. En su lugar, esperaba a los esclavos que escapaban (a quienes había enviado mensajes) para que se encontraran con ella a quince kilómetros de distancia. Los esclavos saldrían de las plantaciones los sábados por la noche para no ser extrañados hasta el lunes por la mañana, después del día de descanso. Por lo tanto, a menudo sería demasiado tarde cuando sus dueños supieran que habían escapado. Solo entonces publicarían sus avisos de recompensa, que los hombres contratados por Tubman eliminarían.

Debido a que sus misiones de rescate estaban llenas de peligro, Tubman exigió estricta obediencia de sus fugitivos. Un esclavo que regresara a su amo probablemente se vería obligado a revelar información que comprometería su misión. Si un esclavo quería renunciar en medio de un rescate, Tubman le ponía un revólver en la cabeza y le pedía que lo reconsiderara.

Cuando se le preguntó si realmente mataría a un fugitivo renuente, respondió: «Sí, si él fue lo suficientemente débil como para darse por vencido, sería lo suficientemente débil como para traicionarnos a todos y a los que nos ayudaron, y ¿crees que dejaría que tantos murieran solo por un cobarde?».

Nunca tuvo que dispararle a ningún esclavo ayudado por ella, pero estuvo cerca de hacerlo: «Les dije a los muchachos que prepararan sus armas y le dispararan. Lo habrían hecho en un minuto; pero cuando escuchó eso, saltó y continuó tan bien como cualquiera».

Tubman dijo que escuchaba atentamente la voz de Dios mientras conducía esclavos al norte, y que solo iría a donde sintiera que Dios la estaba guiando. Su compañero abolicionista Thomas Garrett dijo de ella: «Nunca conocí a ninguna persona de ningún color que tuviera más confianza en la voz de Dios».

Tubman se hizo amiga de muchos de los abolicionistas más conocidos y sus simpatizantes. John Brown se refirió a ella en sus cartas como «una de las mejores y más valientes personas en este continente: la general Tubman como la llamamos».

Durante la Guerra Civil, Tubman sirvió como enfermera, lavandera y espía con las fuerzas de la Unión a lo largo de la costa de Carolina del Sur. Después de la guerra, hizo su hogar en Auburn, Nueva York y, a pesar de los numerosos honores, pasó sus últimos años en la pobreza. No fue sino hasta 30 años después de la guerra que recibió una pensión del gobierno en reconocimiento por su trabajo para el Ejército Federal.

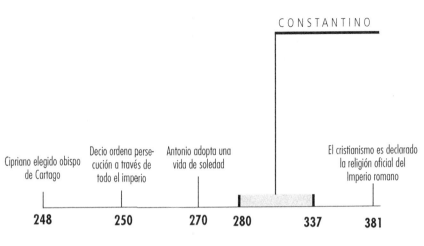

CONSTANTINO

Cipriano elegido obispo de Cartago	Decio ordena persecución a través de todo el imperio	Antonio adopta una vida de soledad		El cristianismo es declarado la religión oficial del Imperio romano
248	**250**	**270**	**280** **337**	**381**

GOBERNANTES

CONSTANTINO

PRIMER EMPERADOR CRISTIANO

> «He experimentado esto en otros y en mí mismo, porque no anduve en el camino de la justicia [...]. Pero el Dios Todopoderoso, que se sienta en la corte del cielo, me concedió lo que no merecía».

La primera *Vida de Constantino* lo describe como «resplandeciente con todas las virtudes que otorga la piedad». Esta biografía llena de elogios vino de la mano de Eusebio, obispo de Cesarea en Palestina, y quizás el mayor admirador de Constantino. Es la imagen clásica que prevaleció en el cristianismo oriental durante más de mil años.

Los historiadores ahora debaten si «el primer emperador cristiano» fue cristiano en absoluto. Algunos lo consideran un buscador de poder sin principios. Según muchos, la religión que tenía era, en el mejor de los casos, una mezcla de paganismo y cristianismo con fines puramente políticos.

197

Ciertamente, Constantino mantuvo ideales que ya no compartimos. No sabía nada de religión sin política o política sin religión. Sin embargo, él claramente creía que era cristiano, y consideró una batalla en el Puente de Milvio, a las afueras de los muros de Roma, como la hora decisiva en su recién encontrada fe.

Visión de campo

De los primeros años de Constantino solo sabemos que nació en Iliria, una región de los Balcanes. Su padre, Constancio Cloro, ya era un oficial romano en ascenso. Helena, la hija de un posadero y la esposa de Constancio, dio a luz a Constantino alrededor del año 280 d. C. en Nis, justo al sur del Danubio. Cuando Constantino tenía 31 años, estaba en línea para convertirse en emperador del imperio occidental, y más.

En la primavera del 311, con 40 000 soldados detrás de él, Constantino cabalgó hacia Roma para enfrentarse a un enemigo cuyos números eran cuatro veces los suyos. Majencio, compitiendo por la supremacía en Occidente, esperó en Roma con sus tropas italianas y la guardia pretoriana de élite, confiando en que nadie podría invadir con éxito la ciudad. Pero el ejército de Constantino ya abrumaba a sus enemigos en Italia mientras marchaba hacia la capital.

Majencio recurrió a los oráculos paganos, encontrando una profecía de que el «enemigo de los romanos» perecería. Pero Constantino todavía estaba a kilómetros de distancia. Entonces, reforzado por la profecía, Majencio dejó la ciudad para encontrarse con su enemigo.

Mientras tanto, Constantino tuvo una visión en el cielo de la tarde: una cruz brillante con las palabras «Por este signo conquista». Según la historia, Cristo mismo le dijo a Constantino en un sueño que llevara la cruz a la batalla como su estandarte.

Aunque los relatos varían, Constantino aparentemente creía que el presagio era palabra de Dios. Cuando se despertó temprano a la mañana siguiente, el joven comandante obedeció el mensaje y ordenó a sus soldados que marcaran sus escudos con el ahora famoso Chi-Rho.

Las tropas de Majencio huyeron en desorden hacia el creciente Tíber. El aspirante a emperador intentó escapar por el puente de madera erigido para atravesar la corriente, pero su propio ejército, presionando a través del estrecho pasaje, lo obligó a ingresar al río, donde se ahogó por el peso de su armadura.

Constantino entró en Roma, el gobernante indiscutible de Occidente, el primer emperador romano con una cruz en su diadema.

Creyente fluctuante

Una vez que tuvo autoridad suprema en Occidente, Constantino conoció a Licinio, el gobernante de las provincias de los Balcanes, y emitió el famoso Edicto de Milán que dio a los cristianos libertad de culto y ordenó a los gobernadores que restauraran todos los bienes incautados durante la severa persecución de Diocleciano.

Eusebio, en su *Historia de la Iglesia* registró el júbilo cristiano: «Toda la raza humana fue liberada de la opresión de los tiranos. Nosotros, especialmente, quienes habíamos puesto nuestras esperanzas en el Cristo de Dios, teníamos una alegría indescriptible».

La fe de Constantino aún era imprecisa, pero pocos cuestionaron su autenticidad. En el 314, Constantino envió un mensaje a los obispos reunidos en el Concilio de Arles. Escribió sobre cómo Dios no permite que las personas «vaguen en las sombras», sino que les revela la salvación: «He experimentado esto en otros y en mí mismo, porque no anduve en el camino de la justicia […]. Pero el Dios Todopoderoso, que se sienta en la corte del cielo, me concedió lo que no merecía».

Sin embargo, durante una década titubeó. Por ejemplo, en el Arco de Constantino, que celebra su victoria en el Puente de Milvio, los sacrificios paganos generalmente representados en los monumentos romanos están ausentes. Pero por otra parte, no hay símbolos cristianos, y Victoria y el Dios Sol son honrados.

No deseaba imponer su nueva fe como religión estatal. «La lucha por la inmortalidad», dijo, «debe ser libre». Parecía comenzar donde terminó su padre: más o menos un monoteísta opuesto a los ídolos, y más o menos amigable con los cristianos. Solo a través de los años crecieron sus convicciones cristianas.

Experto en relaciones públicas

En el 323, Constantino triunfó sobre Licinio y se convirtió en el único gobernante del mundo romano. La victoria permitió a Constantino trasladar permanentemente la sede del gobierno al Este, a la antigua ciudad griega de Bizancio (ahora Estambul). Amplió y enriqueció la ciudad a un costo enorme y construyó iglesias magníficas en todo el Este. La nueva capital se dedicó como Nueva Roma, pero

pronto todos llamaron a la ciudad Constantinopla.

Los cristianos eran más numerosos en Oriente que en Roma, por lo que durante los últimos catorce años de su reinado, Constantino pudo proclamarse abiertamente cristiano. Él procedió a crear las condiciones que llamamos «iglesia estatal» y legó el ideal para los cristianos durante más de mil años.

En el 325, la controversia arriana amenazó con dividir el nuevo imperio unido. Para resolver el asunto, Constantino convocó a un consejo de los obispos en Nicea, una ciudad cerca de la capital. Dirigió la reunión él mismo.

«Ustedes son obispos cuya jurisdicción está dentro de la iglesia», les dijo. «Pero también soy un obispo, ordenado por Dios para supervisar a los que están fuera de la iglesia».

Presidiendo el consejo, Constantino fue magnífico: organizó ceremonias elaboradas, entradas y procesiones dramáticas y servicios espléndidos. También fue un mediador talentoso, ahora aportando su habilidad en relaciones públicas a la gestión de los asuntos de la iglesia.

Lamentablemente, no podía seguir argumentos abstractos o cuestiones sutiles y, a menudo, se encontró en una gran desventaja en estos consejos.

Bautismo retrasado

Constantino esperó hasta que la muerte se acercara para ser bautizado como cristiano. Su decisión no fue inusual en un día en que muchos cristianos creían que uno no podía ser perdonado después del bautismo. Dado que los pecados de los hombres del mundo, especialmente aquellos con deberes públicos, se consideraban incompatibles con la virtud cristiana, algunos líderes de la iglesia demoraron en bautizar a esos hombres hasta justo antes de la muerte.

Dio a sus hijos una educación cristiana ortodoxa, y su relación con su madre fue generalmente feliz, pero continuó actuando como un típico emperador romano. Ordenó la ejecución de su hijo mayor, su segunda esposa y el esposo de su hermana favorita. Nadie parece ser capaz de explicar completamente sus razones.

Si bien muchas de sus acciones no se pueden defender, se despidió de los antiguos dioses romanos y convirtió la cruz en un emblema de Victoria en el mundo.

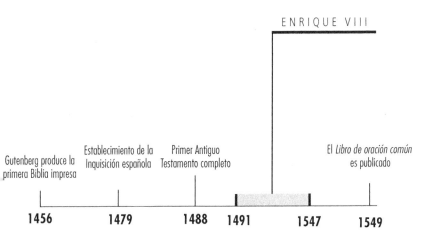

ENRIQUE VIII

Gutenberg produce la primera Biblia impresa	Establecimiento de la Inquisición española	Primer Antiguo Testamento completo		El *Libro de oración común* es publicado

1456   **1479**   **1488**   **1491**   **1547**   **1549**

GOBERNANTES

ENRIQUE VIII

DEFENSOR DE LA FE

«No quiero que nadie tenga el poder de mandarme, ni lo permitiré jamás».

Muchos consideran que Enrique fue un rey diletante, que dejaba que sus ministros dirigieran el país mientras cazaba ciervos. En realidad, participó activamente en los detalles de todo lo que consideró importante. Enrique exigió que los hechos se redujeran a su esencia. Luego escuchaba los problemas y tomaba una decisión rápida, a menudo en el tiempo que le llevaba desmontar de su caballo.

Sin embargo, con la decisión más importante de su reinado luchó durante años. Pero una vez que determinó su curso, lo siguió con una serie de decisiones que cambiaron para siempre su país.

Un comienzo auspicioso

Enrique fue el segundo hijo de Enrique VII. Era inteligente, guapo, físicamente poderoso, talentoso en la música y un ávido cazador y deportista. Era el único gobernante de Inglaterra y el hombre más rico del mundo a los 18 años.

Para cimentar la alianza de Inglaterra con España, Enrique se casó con la tía del rey español, Catalina de Aragón (también viuda de su hermano). Cuando Enrique derrotó a Francia y Escocia en batallas sucesivas, su popularidad se disparó. Durante la década siguiente, Enrique hizo y rompió tratados de paz, se presentó a las elecciones como Emperador del Sacro Imperio Romano, participó en la política de poder de Europa y dirigió su atención a la religión.

Enrique siempre había sido un hombre religioso. Oía misa cinco veces al día a menos que estuviera cazando (entonces solo podía escuchar tres). También estaba profundamente interesado en las disputas teológicas. En 1521, con el luteranismo infectando las universidades inglesas, Enrique escribió *Defensa de los siete sacramentos* contra Lutero. Un papa asediado y agradecido lo recompensó con el título de «Defensor de la Fe».

Búsqueda de un heredero

En 1526, Enrique comenzó a buscar formas de terminar su matrimonio con Catalina. La alianza con España estaba restringiendo sus planes internacionales, se había enamorado de Ana Bolena, de 19 años, y, lo más importante, Catalina no había podido darle un heredero varón (dio a luz a una hija, María). Inglaterra había sobrevivido recientemente a una sangrienta y costosa guerra civil; Enrique necesitaba un heredero para asegurar una sucesión pacífica tras su muerte.

Obtener una anulación era bastante fácil en el siglo XVI, si ambas partes querían una. Pero Catalina no estaba dispuesta y buscó el apoyo de su sobrino, el emperador Carlos V. El emperador no quería ver a su tía deshonrada y derrotó a las tropas del papa. El papa Clemente, al ver las implicaciones, no tuvo más remedio que rechazar la anulación de Enrique.

Cuando Ana quedó embarazada en 1532, Enrique siguió adelante por su cuenta. Ya había obligado al clero a someterse a su supremacía en todos los asuntos eclesiásticos. Se casó con Ana en secreto, hizo que su nuevo arzobispo de Canterbury, Thomas Cranmer, declarara inválido su matrimonio con Catalina y coronó a la reina Ana en 1533. Enrique y la iglesia se tambalearon al borde del cisma.

Una lucha por el control

Cuando el papa amenazó con la excomunión, Enrique contraatacó. Pasó un edicto obligando a todos a reconocer a los hijos de su nuevo matrimonio como herederos del trono. Luego pasó otro convirtiéndolo en el «jefe supremo» de la iglesia en Inglaterra. Disolvió monasterios, redistribuyendo su propiedad a sus nobles para reforzar su lealtad. Los monjes que se resistieron fueron ejecutados, y el dinero de sus tesoros se fue a sus arcas.

Aun así, en una era de Reforma, las reformas de su iglesia fueron conservadoras. Parecía querer una iglesia católica, solo una que siempre fuera leal a él y a Inglaterra. «No quiero que nadie tenga el poder de mandarme, ni lo permitiré jamás», dijo una vez. Entonces, aunque se separó de Roma, continuó defendiendo la transubstanciación y exigió el celibato clerical.

Mientras tanto, Enrique se cansó de Ana porque ella solo había producido una niña: Elizabeth. Falsificó cargos de infidelidad contra ella, la decapitó y luego se casó con Jane Seymour. Después de dar a luz a un hijo (Eduardo), ella murió. Enrique se casó tres veces más antes de morir.

La ruptura de Enrique con Roma fue fundamentalmente por el control de la iglesia en Inglaterra. Aunque instituyó algunas medidas protestantes durante su reinado (como poner Biblias en inglés en todas las iglesias), y aunque siempre apoyó a su arzobispo de Canterbury, Cranmer, que se inclinaba por los protestantes, Enrique se puso del lado de Roma en cuestiones clave de doctrina y práctica.

Pero los acontecimientos que puso en marcha no permitirían que Inglaterra volviera al pasado. Durante el reinado de su hijo, Eduardo VI (1547-1553), Inglaterra se volvió firmemente protestante. Después de un breve regreso al catolicismo con María I (1553–1558), su hija Isabel I puso a Inglaterra en un curso permanentemente protestante.

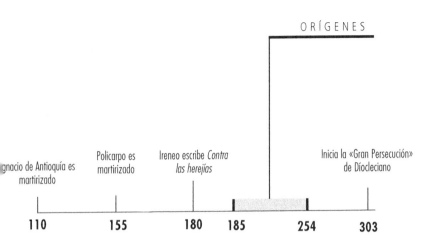

ORÍGENES

| gnacio de Antioquía es martirizado | Policarpo es martirizado | Ireneo escribe *Contra las herejías* | | Inicia la «Gran Persecución» de Díocleciano |

110   155   180   185   254   303

ERUDITOS Y CIENTÍFICOS
ORÍGENES
ERUDITO BÍBLICO Y FILÓSOFO

«*Nosotros, quienes con nuestras oraciones destruimos a todos los demonios que provocan guerras, violan juramentos y perturban la paz, somos de más ayuda para los emperadores que aquellos que parecen estar luchando*».

Este «fanático religioso» del siglo III renunció a su trabajo, durmió en el piso, no comió carne, no bebió vino, ayunó dos veces por semana, no tenía zapatos y, según los informes, se castró por la fe. También fue el erudito más prolífico de su época (con cientos de obras en su haber), un filósofo cristiano de primer nivel y un profundo estudiante de la Biblia.

Orígenes Adamantius («hombre de acero»), un niño prodigio, nació cerca de Alejandría alrededor del año 185 d. C. El mayor de siete hijos en un hogar cristiano, creció aprendiendo la Biblia y el significado del compromiso. En el 202, cuando su padre, Leonidas,

207

fue decapitado por sus creencias cristianas, Orígenes también deseaba morir como mártir. Pero su madre le impidió incluso salir de la casa, escondiendo su ropa.

Para mantener a su familia, Orígenes, de 18 años, abrió una escuela primaria, copió textos e instruyó catecúmenos (aquellos que buscan convertirse en miembros de la iglesia). Él mismo estudió con el filósofo pagano Ammonius Saccas para defender mejor su fe contra los argumentos paganos. Cuando un converso rico le proporcionó secretarios, comenzó a escribir.

Estudiante de la Biblia y crítico

Orígenes trabajó durante 20 años en su *Hexapla*, un trabajo masivo de análisis del Antiguo Testamento escrito para responder a las críticas judías y gnósticas del cristianismo. Era un examen de textos bíblicos que tenía seis columnas paralelas: una en hebreo y las otras cinco en varias traducciones griegas, incluida una que encontró en Jericó en un frasco. Se convirtió en un paso importante en el desarrollo del canon cristiano y la traducción de la Escritura, pero desafortunadamente fue destruido. Tan enorme fue que los eruditos dudan que alguien lo haya copiado por completo.

Este primer estudioso de la Biblia analizó la Escritura en tres niveles: el literal, el moral y el alegórico. Como él lo expresó, «porque así como el hombre consiste en cuerpo, alma y espíritu, de la misma manera lo hace la Escritura». Orígenes, de hecho, prefirió lo alegórico no solo porque permitía más interpretaciones espirituales, sino porque muchos pasajes le resultaban imposibles de leer literalmente: «Ahora, ¿qué hombre inteligente creerá que el primer, el segundo y el tercer día [...] existieron sin el sol, la luna y las estrellas?». En cualquier caso, el método de interpretación de Orígenes se convirtió en el estándar de la Edad Media. El principal trabajo de Orígenes, *De Principiis* (*Sobre los principios*), fue la primera exposición sistemática de teología cristiana que se haya escrito. En él creó una filosofía cristiana, sintetizando la técnica griega y los supuestos bíblicos. Agrega a estas obras masivas sus homilías y comentarios, y está claro por qué tenía fama de mantener ocupados a siete secretarios y causó que Jerónimo (ca. 354-420) dijera con admiración frustrada: «¿Alguien ha leído todo lo que Orígenes escribió?».

¿Padre de la iglesia hereje?

Orígenes siempre ha sido controvertido. Su automutilación en respuesta a Mateo 19:12 («... hay eunucos que a sí mismos se hicieron eunucos por causa del reino de los cielos...») fue condenada como una interpretación errónea y drástica del texto. En Palestina predicó sin ser ordenado y fue condenado por su obispo, Demetrio. Cuando en un segundo viaje, fue ordenado por los mismos obispos que lo habían invitado a hablar la primera vez, Demetrio lo envió al exilio.

Si bien se cree que algunos de sus escritos fueron hipotéticos, Orígenes sí enseñó que todos los espíritus fueron creados iguales, existieron antes del nacimiento y luego cayeron en desgracia. Además, «esos seres racionales que pecaron y, a causa de ello, cayeron del estado en que estaban, en proporción a sus pecados particulares, fueron esclavizados en cuerpos como castigo: algunos demonios, algunos hombres y algunos ángeles». También creía que todos los espíritus, incluso Satanás, podrían salvarse. «El poder de elegir entre el bien y el mal está al alcance de todos», escribió.

Sin embargo, más notablemente, Orígenes describió la Trinidad como una jerarquía, no como una igualdad de Padre, Hijo y Espíritu. Y aunque atacó las creencias gnósticas, como ellos, rechazó la bondad de la creación material.

Tres siglos después de su muerte, el Concilio de Constantinopla (553) lo declaró hereje: «Quien diga o piense que el castigo de los demonios y los malvados no será eterno [...] que sea anatema».

Algunos sostienen que Orígenes simplemente estaba tratando de enmarcar la fe en las ideas de su época; aun así, sus obras fueron suprimidas luego de su condena, por lo que un juicio moderno es imposible.

A pesar de tal condena, Orígenes declaró: «Quiero ser un hombre de la iglesia [...] ser llamado [...] de Cristo». Su *Contra Celsum*, de hecho, es una de las mejores defensas del cristianismo producida en la iglesia primitiva. Respondiendo a la acusación de que los cristianos, al rechazar el servicio militar, no pasan la prueba de la buena ciudadanía, escribió: «Nosotros, quienes con nuestras oraciones destruimos a todos los demonios que provocan guerras, violan juramentos y perturban la paz, somos de más ayuda para los emperadores que aquellos que parecen estar luchando».

Sin embargo, las autoridades no estaban convencidas: en 250 el emperador Decio hizo encarcelar y torturar a Orígenes. Lo mantuvieron vivo deliberadamente con la esperanza de que renunciara a su fe. Pero Decio murió primero y Orígenes quedó en libertad. Debido a su deteriorada salud, Orígenes murió poco después de su liberación.

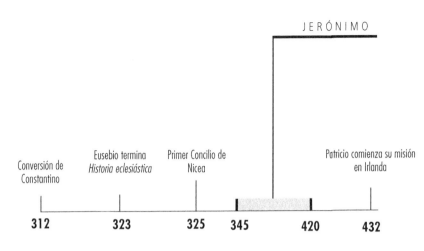

JERÓNIMO

Conversión de Constantino

Eusebio termina *Historia eclesiástica*

Primer Concilio de Nicea

Patricio comienza su misión en Irlanda

312   323   325   345   420   432

ERUDITOS Y CIENTÍFICOS

JERÓNIMO

TRADUCTOR DE LA BIBLIA CUYA TRADUCCIÓN DURÓ UN MILENIO

> «Haz que el conocimiento de las Escrituras sea tu amor
> [...]. Vive por ellas, medita en ellas, conviértelas en el
> único objeto de tu conocimiento y tus escrutinios».

Eusebius Hieronymus Sophronius, afortunadamente conocido como Jerónimo, fue probablemente el mejor erudito cristiano del mundo cuando estaba a mediados de sus 30 años. Quizás la figura más grande en la historia de la traducción de la Biblia, pasó tres décadas creando una versión latina que sería el estándar por más de un milenio. Pero no era solo un intelectual come libros. Jerónimo también era un asceta extremo con una actitud desagradable que bañaba a sus oponentes con sarcasmo e invectiva.

De Cicerón a los escorpiones

Jerónimo nació de padres cristianos ricos en Stridon, Dalmacia (cerca de la moderna Ljubljana, Eslovenia), y se educó en Roma, donde estudió gramática, retórica y filosofía. Allí fue bautizado a los 19 años.

Al igual que otros estudiantes, Jerónimo siguió sus estudios mientras viajaba. Pero en lugar de descubrir los placeres sensuales del imperio, Jerónimo se sintió atraído por los ascetas que conoció en el camino, incluidos los de Trier (ahora en el suroeste de Alemania) y Aquileia, Italia, donde se unió a un grupo de ascetas de élite. Entre ellos estaba Rufinio, famoso por sus traducciones de las obras de Orígenes. Sin embargo, el grupo se disolvió alrededor de 373, y Jerónimo reanudó sus viajes, esta vez tomando «un viaje incierto» para convertirse en ermitaño en Tierra Santa.

Agotado, solo llegó hasta Antioquía, donde continuó sus estudios de griego. Incluso estudió con Apolinario de Laodicea (quien luego fue condenado como hereje por enseñar que Cristo solo tenía carne humana, no una mente o voluntad humana). Pero sus estudios del griego fueron interrumpidos por un sueño, uno de los más famosos en la historia de la Iglesia, durante la Cuaresma de 375: arrastrado ante un tribunal de Dios, fue encontrado culpable de preferir la literatura pagana clásica a la cristiana: «*Ciceronianus es, non Christianus*» [eres un seguidor de Cicerón, no de Cristo], dijo su juez.

Sacudido, Jerónimo prometió no volver a leer ni poseer literatura pagana de nuevo. (Sin embargo, más de una década después, Jerónimo restó importancia al sueño y nuevamente comenzó a leer literatura clásica). Luego se fue al desierto sirio, redescubriendo las alegrías de una «prisión» ascética, con nada más que escorpiones y bestias salvajes como compañeros. Se instaló en Calcis, donde los rigores de esta vida eran agotadores. Rogó por cartas para evitar su soledad, odió la insípida comida del desierto y no pudo encontrar la paz.

«Aunque estaba protegido por la muralla del desierto solitario, no podía soportar las incitaciones del pecado y el ardiente calor de mi naturaleza», escribió más tarde. «Traté de aplastarlos con ayuno frecuente, pero mi mente siempre estaba en un torbellino de imaginación».

Aun así, aprendió hebreo de un converso judío, oró y ayunó, copió manuscritos y escribió innumerables cartas. A pesar de sus reiteradas garantías de que era feliz en Calcis, regresó a Antioquía después de unos años, poco después de que otros ermitaños comenzaran a sospechar que Jerónimo era un hereje en secreto (por sus opiniones sobre la Trinidad, que, según algunos, enfatizaban la unidad de Dios a expensas de las tres personas).

Secretario audaz

Para entonces, Jerónimo era reconocido como un importante erudito y monje. El obispo Paulinus se apresuró a ordenarlo como sacerdote, pero el monje solo lo aceptaría con la condición de que nunca se vería obligado a realizar funciones sacerdotales. En cambio, Jerónimo se sumergió en la erudición, especialmente la de la Biblia. Asistió a conferencias exegéticas, examinó pergaminos del Evangelio y conoció a otros exegetas y teólogos famosos.

En 382 fue convocado a Roma para ser secretario y un posible sucesor del papa Dámaso. Pero durante su breve período de tres años allí, Jerónimo ofendió a los romanos amantes del placer con su lengua afilada y sus críticas directas. Como dijo un historiador: «detestaba a la mayoría de los romanos y no se disculpaba por detestarlos». Se burlaba de la falta de caridad de los clérigos («No tengo fe ni misericordia, pero tengo plata y oro, y eso tampoco te doy»), de su vanidad («El único pensamiento de tales hombres es su apariencia: ¿están perfumados? ¿Sus zapatos quedan bien?»), de su orgullo por sus barbas («Si hay alguna santidad en la barba, ¡nadie es más santo que una cabra!»), y de su ignorancia de la Escritura («Es lo suficientemente malo enseñar lo que no sabes, pero aún peor […] ni siquiera darte cuenta de que no sabes»).

Incluso se jactó de su influencia, declarando: «Dámaso es mi boca». Aquellos que podrían haberlo apoyado, aunque ya escépticos de su interés en «corregir» la Biblia, se desanimaron cuando una de sus discípulas murió durante un severo ayuno. Cuando Dámaso murió en 384, Jerónimo huyó de «Babilonia» hacia Tierra Santa.

Creador de la Vulgata

Un estudiante rico de Jerónimo fundó un monasterio en Belén para que lo administrara (también incluía tres claustros para mujeres y un albergue para peregrinos). Aquí terminó su mayor contribución (comenzó en 382 por instrucción de Dámaso): traducir la Biblia al latín cotidiano (más tarde se llamaría Vulgata, que significa «común»). Aunque había versiones latinas disponibles, variaban ampliamente en precisión.

«Si vamos a basar nuestra fe en los textos latinos», le había escrito Dámaso una vez, «es para que nuestros oponentes nos digan cuáles, ya que hay casi tantas formas como copias. Si, por otro lado, debemos deducir la verdad de una comparación de muchos, ¿por qué no volver al griego original y corregir los errores introducidos por traductores inexactos y las alteraciones torpes de críticos confiados pero ignorantes y, además, ¿todo lo que los copistas han insertado o cambiado más dormidos que despiertos?».

Al principio, Jerónimo trabajó desde el Antiguo Testamento griego, la Septuaginta. Pero luego estableció un precedente para traductores posteriores: el Antiguo Testamento tendría que ser traducido del hebreo original. En su búsqueda de precisión, consultó a rabinos judíos y otros.

Una de las mayores diferencias que vio entre la Septuaginta y el hebreo original fue que los judíos no incluyeron los libros ahora conocidos como los apócrifos en su canon de la Sagrada Escritura. Aunque todavía se sentía obligado a incluirlos, Jerónimo dejó en claro que pensaba que eran libros de la iglesia, no libros canónicos totalmente inspirados. Los líderes de la reforma luego los eliminarían por completo de sus Biblias.

Después de 23 años, Jerónimo completó su traducción, que los cristianos usaron durante más de 1000 años, y en 1546 el Concilio de Trento la declaró el único texto latino auténtico de la Escritura. Lamentablemente, el texto de la Vulgata que circuló a lo largo de la Edad Media fue una forma corrompida del trabajo de Jerónimo, gravado por los errores de los copistas. A finales del siglo XVI, se publicaron ediciones corregidas.

El trabajo de Jerónimo fue tan ampliamente venerado que, hasta la Reforma, los traductores trabajaron desde la Vulgata; durante mil años, los eruditos no volvieron a traducir directamente del Nuevo Testamento griego. E irónicamente, la Biblia de Jerónimo agregó ímpetu al uso del latín como el idioma de la iglesia occidental, lo que resultó siglos después en una liturgia y una Biblia que los laicos no podían entender, precisamente lo contrario a la intención original de Jerónimo.

Para Jerónimo, sin embargo, su erudición le dio una apreciación de la Palabra de Dios que llevó por el resto de su vida: «Haz que el conocimiento de las Escrituras sea tu amor […]. Vive por ellas, medita en ellas, conviértelas en el único objeto de tu conocimiento y tus escrutinios».

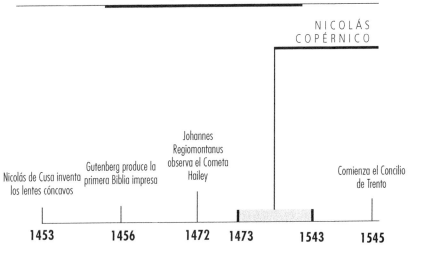

NICOLÁS
COPÉRNICO

Johannes
Regiomontanus
observa el Cometa
Hailey

Gutenberg produce la
primera Biblia impresa

Nicolás de Cusa inventa
los lentes cóncavos

Comienza el Concilio
de Trento

1453 **1456** **1472** **1473** **1543** **1545**

ERUDITOS Y CIENTÍFICOS

NICOLÁS COPÉRNICO

ASTRÓNOMO REVOLUCIONARIO

> *«[Es mi] amado deber buscar la verdad en todas las cosas, en la medida en que Dios se lo permita a la razón humana».*

«Los dos grandes puntos de inflexión de la era de la Reforma, el luterano y el copernicano, parecen haber traído a la humanidad nada más que humillación», escribió el historiador Heiko Oberman. «Primero, al hombre se le roba su poder sobre sí mismo, y luego es empujado a la periferia de la creación».

Sin embargo, a diferencia de Lutero, Nicolás Copérnico no era alguien que hiciera un gesto público audaz; en su lugar, pasó su vida en un silencio relativo, vacilante de publicar sus opiniones revolucionarias hasta sus últimos días. Y, sin embargo, Copérnico, tanto como Lutero, revolucionó la forma en que los europeos pensaban sobre sí mismos, sobre su mundo y sobre su Dios.

Erudito de clase mundial

Copérnico nació en Torun, en el este de Polonia, donde su padre era un empresario influyente. Copérnico estudió primero en la Universidad de Cracovia, donde primero se interesó por la astronomía («lo más hermoso y lo más digno de conocer», dijo), y luego se mudó a la Universidad de Bolonia para estudiar griego, matemáticas y más astronomía. En Bolonia se encontró con académicos que acordaron que la cosmología de Aristóteles era poco elegante, en palabras de Copérnico: «sin un esquema seguro para los movimientos de la maquinaria del mundo que ha sido construido para nosotros por el mejor y más ordenado Obrero de todos».

Después de una breve visita a casa para ser instalado como canon (un puesto de personal asalariado permanente en una catedral), regresó a Italia para completar su doctorado en derecho y estudiar medicina en la Universidad de Padua. En 1506 regresó a Polonia, y aunque solo tenía poco más de treinta años, se decía que dominaba todos los conocimientos del día en matemáticas, astronomía, medicina y teología.

La astronomía como pasatiempo

Como canon, se desempeñó como confidente y secretario de su tío, el obispo, y como médico para los pobres. Aunque agobiado con tareas administrativas y médicas, encontró tiempo para formular sus ideas sobre astronomía en un folleto que llamó su *Pequeño comentario* (1512). No estaba pisando terreno popular, ya que los teólogos medievales casi habían hecho un punto de ortodoxia que la tierra era el centro del sistema solar, prueba de que la humanidad era el centro de la atención de Dios. Copérnico sabía que «tan pronto ciertas personas sepan que [...] atribuyo ciertos movimientos al globo terrestre [es decir, que la tierra se movía alrededor del sol], inmediatamente gritarán para que mi opinión y yo salgamos del escenario». Aun así, consideró que era su «amado deber buscar la verdad en todas las cosas, en la medida en que Dios se lo permita a la razón humana».

En 1514, el papa preguntó si podía ayudar a revisar el calendario. Copérnico respondió que «la magnitud de los años y meses […] aún no se había medido con suficiente precisión». Pero tomó esto como un desafío personal y convirtió los apartamentos de su torre en un observatorio nocturno. Pasaba las horas del día en sus deberes oficiales con los enfermos, en la administración y guiando a la diócesis a través de una guerra entre los Caballeros Teutónicos y el rey de Polonia.

Finalmente, Copérnico transmitió sus responsabilidades oficiales a los hombres más jóvenes y se instaló en un semi retiro en su observatorio privado. Este podría haber sido el final de una vida plena si un joven matemático y discípulo luterano no hubiera visitado al viejo astrónomo. Copérnico, vigorizado por el encuentro, finalmente acordó publicar las teorías que había estado desarrollando durante toda su vida. En *Sobre las revoluciones de las esferas celestiales* (1543), hizo un llamamiento al Papa para que juzgara entre él y los «habladores» que, «aunque ignoran por completo las matemáticas […], distorsionan algún pasaje en la Sagrada Escritura para satisfacer su propósito […] y atacar mi trabajo».

Su trabajo pasó a manos de los menos valientes. Su editor insertó un prefacio anónimo que indica que el trabajo era una construcción matemática para explicar mejor los movimientos de los planetas, no una descripción de cómo funcionaba realmente el sistema solar.

Las ideas de Copérnico (aunque anticipadas por algunos astrónomos antiguos) eran demasiado para los contemporáneos; incluso un revolucionario como Martín Lutero encontró imposible creer que el sol, no la tierra, anclara el sistema solar.

No fue sino hasta Galileo (1564–1642) que las ideas de Copérnico fueron vistas por lo que eran: una revolución en la forma en que la humanidad se concebía a sí misma. Para algunos, esto implicaba que la tierra era una mota insignificante para un Dios lejano; otros, sin embargo, se maravillaron de que el Creador de un universo ahora infinito prodigara tanta atención en un planeta que parecía estar en la periferia de toda la creación.

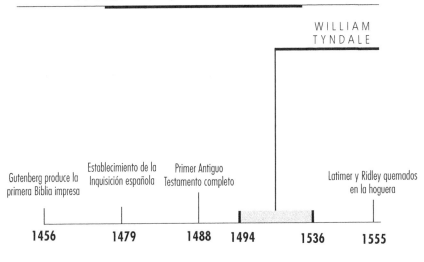

WILLIAM
TYNDALE

| Gutenberg produce la primera Biblia impresa | Establecimiento de la Inquisición española | Primer Antiguo Testamento completo | | Latimer y Ridley quemados en la hoguera |

| 1456 | 1479 | 1488 | 1494 | 1536 | 1555 |

ERUDITOS Y CIENTÍFICOS

WILLIAM TYNDALE

TRADUCTOR DEL PRIMER NUEVO TESTAMENTO
EN INGLÉS

«No te desesperes, ni te desanimes, oh lector, porque te esté prohibido a costo de tu vida y tus bienes, o porque le ponga fin a la paz del rey, o sea traición contra su alteza, leer la Palabra que da salud a tu alma; porque si Dios está de nuestro lado, qué importa quién esté en contra de nosotros, sean obispos, cardenales o papas».

William Tyndale podía hablar siete idiomas y dominaba el hebreo y el griego antiguos. Era un sacerdote cuyos dones intelectuales y vida disciplinada podrían haberlo llevado por un largo camino en la iglesia, si no hubiera tenido una sola meta: enseñar a los hombres y mujeres ingleses las buenas noticias de la justificación por la fe.

Tyndale había descubierto esta doctrina cuando leyó la edición griega del Nuevo Testamento de Erasmo. ¿Qué mejor manera de compartir este mensaje con sus compatriotas que poner en sus manos una versión en inglés del Nuevo Testamento? Esto, de hecho, se convirtió en la pasión de la vida de Tyndale, resumida acertadamente en las palabras de su mentor, Erasmo: «Cristo desea que sus misterios se publiquen en el extranjero lo más ampliamente posible. Me gustaría que [los Evangelios y las epístolas de Pablo] se tradujeran a todos los idiomas, a todos los cristianos, y que pudieran leerse y conocerse». Sin embargo, sería una pasión por la que Tyndale pagaría caro.

Genio traductor

Era nativo de Gloucester y comenzó sus estudios en Oxford en 1510, luego se mudó a Cambridge. Para 1523 su pasión se había encendido; en ese año buscó permiso y fondos del obispo de Londres para traducir el Nuevo Testamento. El obispo negó su solicitud, y otras consultas convencieron a Tyndale de que el proyecto no sería bienvenido en ninguna parte de Inglaterra.

Para encontrar un ambiente apropiado, viajó a las ciudades libres de Europa: Hamburgo, Wittenberg, Colonia y finalmente a la ciudad luterana de Worms. Allí, en 1525, surgió su Nuevo Testamento: la primera traducción del griego al idioma inglés. Fue rápidamente contrabandeado a Inglaterra, donde recibió una respuesta poco entusiasta de las autoridades. El rey Enrique VIII, el cardenal Wolsey y sir Thomas More, entre otros, estaban furiosos. Según More, «no era digno de ser llamado el testamento de Cristo, sino el testamento de Tyndale o el testamento de su maestro Anticristo».

Las autoridades compraron copias de la traducción (lo que, irónicamente, ayudó a financiar el trabajo de Tyndale) y tramaron planes para silenciar a Tyndale.

Mientras tanto, Tyndale se había mudado a Amberes, una ciudad en la que estaba relativamente libre tanto de los agentes ingleses como de los del Sacro Imperio Romano (y Católico). Durante nueve años logró, con la ayuda de amigos, evadir a las autoridades, revisar su Nuevo Testamento y comenzar a traducir el Antiguo.

Resultó que sus traducciones se volvieron decisivas en la historia de la Biblia en inglés y del idioma inglés. Casi un siglo después, cuando los traductores de la Versión Autorizada, o King James, debatieron cómo traducir los idiomas originales, ocho de diez veces, acordaron que Tyndale tenía la mejor herramienta.

Traición

Durante estos años, Tyndale también se entregó metódicamente a las buenas obras porque, como él dijo: «Mi parte no estará en Cristo si mi corazón no es seguir y vivir según lo que enseño». Los lunes visitaba a otros refugiados religiosos de Inglaterra. Los sábados caminaba por las calles de Amberes, buscando ministrar a los pobres. Los domingos cenaba en las casas de los comerciantes, leyendo la Escritura antes y después de la cena. El resto de la semana se dedicó a escribir tratados y libros y a traducir la Biblia.

No sabemos quién planeó y financió el complot que acabó con su vida (ya sean autoridades inglesas o continentales), pero sí sabemos que fue llevado a cabo por Henry Phillips, un hombre acusado de robar a su padre y de hundirse en la pobreza debido a las apuestas. Phillips fue convidado a la mesa de Tyndale y pronto fue uno de los pocos privilegiados en ver sus libros y documentos.

En mayo de 1535, Phillips alejó a Tyndale de la seguridad de su habitació y lo llevó a los brazos de los soldados. Tyndale fue llevado inmediatamente al Castillo de Vilvorde, la gran prisión estatal de los Países Bajos, y fue acusado de herejía.

Los juicios por herejía en los Países Bajos estaban en manos de comisionados especiales del Sacro Imperio Romano. La ley tardó meses en seguir su curso. Durante este tiempo, Tyndale tuvo muchas horas para reflexionar sobre sus propias enseñanzas, como este pasaje de uno de sus tratados:

«No te desesperes, ni te desanimes, oh lector, porque te esté prohibido a costo de tu vida y tus bienes, o porque le ponga fin a la paz del rey, o sea traición contra su alteza, leer la Palabra que da salud a tu alma; porque si Dios está de nuestro lado, qué importa quién esté en contra de nosotros, sean obispos, cardenales o papas».

Finalmente, a principios de agosto de 1536, Tyndale fue condenado

como hereje, degradado del sacerdocio y entregado a las autoridades seculares para su castigo. El viernes 6 de octubre, después de que los funcionarios locales tomaran asiento, Tyndale fue llevado a la cruz en el centro de la plaza del pueblo y se le dio la oportunidad de retractarse. Se negó y se le dio un momento para orar. El historiador inglés John Foxe dijo que gritó: «¡Señor, abre los ojos del rey de Inglaterra!».

Luego fue atado a la viga, y le pusieron una cadena de hierro y una soga alrededor del cuello. Añadieron pólvora y leña. A la señal de un funcionario local, el verdugo, de pie detrás de Tyndale, rápidamente apretó el nudo y lo estranguló. Luego, un funcionario tomó una antorcha encendida y se la entregó al verdugo, quien prendió fuego a la madera.

Otro breve informe de esa escena distante nos ha llegado. Se encuentra en una carta de un agente inglés a Lord Cromwell dos meses después. «Hablan mucho», escribió, «de la paciencia del Maestro Tyndale en el momento de su ejecución».

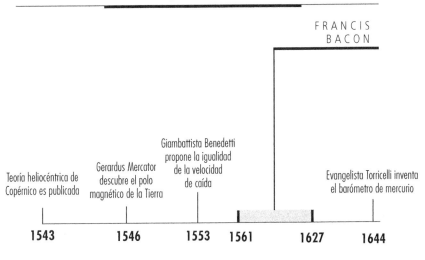

FRANCIS
BACON

Teoría heliocéntrica de Copérnico es publicada

Gerardus Mercator descubre el polo magnético de la Tierra

Giambattista Benedetti propone la igualdad de la velocidad de caída

Evangelista Torricelli inventa el barómetro de mercurio

1543   **1546**   **1553**   **1561**   **1627**   **1644**

ERUDITOS Y CIENTÍFICOS
FRANCIS BACON
FILÓSOFO DE LA CIENCIA

> «*El conocimiento es el rico almacén para la gloria del Creador y el alivio de la condición humana*».

Francis Bacon era un devoto anglicano recordado por su fracaso público y su gran mente científica. Tal vez, como él dijo, «los mejores hombres son como las mejores piedras preciosas, en donde cada defecto […] es más notorio que en aquellos que generalmente son asquerosos y corruptos».

Años de frustración

Bacon tuvo un comienzo maravilloso. Su padre era un alto funcionario al servicio de la reina Isabel, y su madre era una mujer de gran inteligencia. Pero Francis estaba aburrido de sus tutores y horrorizado por las disputas académicas que se hacían pasar por ciencia. Abandonó Cambridge a los quince años, y su padre le consiguió una oportunidad para servir al embajador en Francia. Estos privilegios juveniles le fueron despojados en 1579 cuando murió su padre, dejándolo con muy poco. Regresó a la escuela con un propósito renovado, convirtiéndose en abogado, miembro del Parlamento y profesor de derecho en los próximos siete años. Pero no estaba satisfecho ni con sus honores ni con sus ingresos.

Sus esfuerzos por progresar se vieron obstaculizados, principalmente porque él no era del agrado de la reina. Pero a ella le gustaba su patrón, el conde de Essex. Essex trató a Bacon como a un hijo y fue un buen mentor hasta que lideró una revuelta. Isabel designó a Bacon para un puesto menor en el juicio de su amigo, pero él se lanzó al caso con fervor. Alexander Pope lo llamó «el más sabio, más brillante y más desagradable de la humanidad», pero Bacon le escribió a Essex que debía preferir el bien de su país a su amistad.

Años de logros

La ascensión del Rey James marcó un nuevo comienzo para Bacon. A este gobernante le caía bien, y su ascenso a la cima del poder político fue vertiginoso. En 1607 fue procurador general, después secretario de la cámara estelar, fiscal general, señor guardián del sello, y en 1618, señor canciller. Durante este período también publicó sus obras literarias más famosas. La *Instauratio Magna* [Gran avivamiento] debía ser nada menos que una teoría integral del conocimiento. Solo completó dos partes, pero en estas resumió el alcance del aprendizaje y las deficiencias en la comprensión humana, y propuso una nueva ciencia basada en la experimentación, el razonamiento inductivo y el mejoramiento de la condición humana.

La Cámara de los Comunes presentó una denuncia de corrupción contra él en 1620. Se declaró culpable y señaló que, aunque era «el juez más justo», había participado en «el abuso de los tiempos». En un año, había sido despojado de su oficina, estaba en bancarrota y fue arruinado políticamente.

Se retiró a su escritura. Introdujo la forma literaria del ensayo al idioma inglés y completó *The New Atlantis* [La nueva Atlantis], que combinaba su enfoque científico y sus creencias cristianas. Bacon dividió el conocimiento en filosofía, o conocimiento natural, y divinidad, o revelación inspirada. Aunque insistió en que la filosofía y el mundo natural deben estudiarse inductivamente, argumentó que, en lo que respecta a la religión, solo podemos estudiar los argumentos a favor de la existencia de Dios. El conocimiento de la naturaleza, acción y propósitos de Dios solo puede venir de una revelación especial. Pero Bacon también creía que el conocimiento era acumulativo, ese estudio abarcaba más que una simple preservación del pasado. El verdadero estudio, dijo, finalmente ayudará a la humanidad. «El conocimiento es el rico almacén para la gloria del Creador y el alivio de la condición humana», escribió. «Una pequeña filosofía inclina la mente del hombre hacia el ateísmo, pero la profundidad de la filosofía lleva la mente del hombre hacia la religión».

En 1626 se detuvo en la nieve para llevar a cabo un experimento sobre la conservación de los alimentos, se enfermó y murió el domingo de Pascua. En su testamento, incluyó esta oración final: «Cuando más pensé en la paz y el honor, tu mano [fue] pesada sobre mí y me humilló, de acuerdo con tu antigua bondad amorosa [...]. Justos son tus juicios sobre mis pecados [...]. Sé misericordioso conmigo por el bien de mi Salvador, y recíbeme en tu seno».

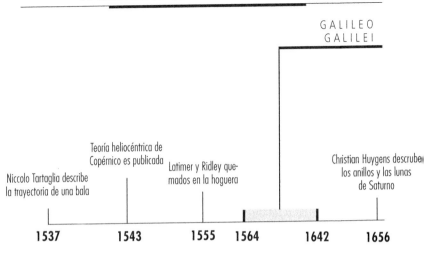

GALILEO
GALILEI

Teoría heliocéntrica de
Copérnico es publicada

Latimer y Ridley que-
mados en la hoguera

Christian Huygens descrube
los anillos y las lunas
de Saturno

Niccolo Tartaglia describe
la trayectoria de una bala

1537 **1543** **1555** **1564** **1642** **1656**

ERUDITOS Y CIENTÍFICOS
GALILEO GALILEI
ASTRÓNOMO INCOMPRENDIDO

«*La naturaleza de Dios se conoce mediante Sus obras, y
su doctrina mediante Su Palabra revelada*».

Galileo Galilei, aunque famoso por sus logros científicos en astronomía, matemáticas y física, e infame por su controversia con la iglesia, fue un cristiano devoto que no contemplaba el divorcio de la
religión y la ciencia, sino solo un matrimonio saludable: «La naturaleza de Dios se conoce mediante Sus obras, y su doctrina mediante
Su Palabra revelada».

Irritante joven genio

Galileo nunca obtuvo su título universitario. Estudió durante cuatro años y se retiró, luego estudió por su cuenta durante dos años,

viviendo como tutor y publicando soluciones a problemas complejos. Esta brillantez le consiguió la cátedra de matemáticas en la Universidad de Pisa, donde inmediatamente hizo enemigos. Los «filósofos naturales» de su época hacían sus descubrimientos debatiendo las obras de Aristóteles. Galileo creía en observar la naturaleza bajo condiciones controladas y describir los resultados matemáticamente. Esta diferencia por sí sola creó fricción, pero Galileo humilló a sus enemigos con demostraciones públicas de sus errores; por ejemplo, Galileo demostró, contra Aristóteles, que cuerpos de diferentes pesos caerían a la misma velocidad. Sus enemigos lo corrieron en dos años. Sus amigos le dieron la cátedra de matemáticas en Padua, una institución más progresista, misma que ocupó durante 18 años. Estos fueron sus días más felices y más productivos, en los que exploraría la física de maneras que producirían mucho fruto.

Desviado por el telescopio

En 1609, Galileo supo de un dispositivo para hacer que los objetos distantes parecieran más cercanos, y las aplicaciones de dicho instrumento fueron inmediatamente obvias para Galileo. Rápidamente armó un telescopio y se lo mostró al Senado veneciano, que estaba tan impresionado que inmediatamente duplicó su salario. Ese invierno volvió su telescopio hacia el cielo e hizo algunos descubrimientos sorprendentes. En completa contravención de las creencias aceptadas, vio que la luna no era una esfera lisa, que Júpiter tenía lunas y que Venus tenía fases, lo que indica que orbitaba alrededor del sol. Publicó un pequeño folleto que describía sus observaciones en 1610. Lo hizo mundialmente famoso.

A los 46 años, después de 20 años de tranquilo estudio, ahora era aclamado. Atraído por un gran sueldo a la Toscana, Galileo abandonó a su esposa y puso a sus hijas en un convento. Hizo una visita triunfal a Roma, donde la corte papal compitió para hacerle honor. El jefe de los astrónomos de la iglesia confirmó sus descubrimientos, y los astrónomos jesuitas se peleaban por mirar a través del telescopio.

Pero sus enemigos académicos no se habían dado por vencidos. Indujeron a los frailes dominicos a predicar sobre textos como «Varones galileos, ¿por qué estáis mirando al cielo?», y desdeñaron las opiniones de Galileo, especialmente su apoyo al descubrimiento copernicano de que la tierra giraba alrededor del sol. La impresión en Roma era que las opiniones de Copérnico serían más devastadoras para la iglesia que las de Lutero o Calvino. El papa Pablo V ordenó a la Inquisición que investigara el asunto.

Juicios y silencio

Galileo sostuvo que la interpretación adecuada de la Escritura estaría de acuerdo con el hecho observado. El «Libro de la Naturaleza», escrito en el lenguaje de las matemáticas, estaría de acuerdo con el «Libro de las Escrituras», escrito en el lenguaje cotidiano de las personas. Además, la «Biblia enseña a los hombres cómo ir al cielo, no cómo van los cielos», y que sería «un terrible perjuicio para las almas, si la gente fuera convencida mediante pruebas de algo que se había vuelto un pecado creer».

Pero la Inquisición falló en su contra en 1616. Esto no fue tan irrazonable como parece. Su posición iba en contra del sentido común y 1500 años de académicos. Violaba las leyes aceptadas de la física. No se podían observar las paralajes estelares exigidas por este sistema (fueron observadas hasta 1838). La Inquisición condenó el sistema copernicano y prohibió a Galileo que lo enseñara como un hecho.

Pero Galileo, el luchador científico, nunca se rindió. Cuando un amigo fue elegido Papa en 1623, Galileo fue a verlo, pero Urbano VIII no levantó la orden por temor a socavar la autoridad de la iglesia. Galileo obtuvo permiso para escribir sobre «los sistemas del mundo», tanto de Ptolomeo como de Copérnico, siempre y cuando los discutiera sin comprometerse y llegara a la conclusión que el pontífice le había dictado de antemano, es decir, que el hombre no puede presumir saber cómo se hizo realmente el mundo porque Dios podría haber producido los mismos efectos de formas inimaginables para él, y no debía restringir la omnipotencia de Dios.

De modo que Galileo se embarcó en su *Diálogo sobre los dos sistemas mundiales principales* (1632). Tan pronto como salió, con el pleno y completo imprimatur de los censores, fue recibido con aplausos y gritos de elogio en todas partes de Europa como una obra maestra literaria y filosófica. Pero aunque formalmente no se comprometió, claramente defendió el sistema copernicano y presentó a un aburrido defensor de Ptolomeo en quien el papa vio demasiado de sí mismo.

Galileo fue llamado de regreso ante la Inquisición en 1633. Se produjo un documento (que luego resultó ser una falsificación de historiadores) que decía que Galileo había prometido no escribir sobre el sistema copernicano en absoluto. El viejo luchador, ahora de 70 años, recibió la orden de renunciar públicamente a sus enseñanzas y someterse al arresto domiciliario.

En sus últimos años, publicó un compendio de su trabajo anterior en física (*Diálogo sobre dos nuevas ciencias, su mayor logro*) y poco después se quedó ciego.

No fue sino hasta 1981 que la iglesia católica ordenó una comisión para investigar el caso de Galileo, y pasaron otros once años antes de que la comisión reconociera los «errores» de los jueces de Galileo.

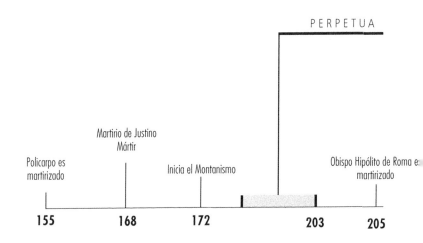

PERPETUA

Policarpo es
martirizado

Martirio de Justino
Mártir

Inicia el Montanismo

Obispo Hipólito de Roma es
martirizado

155   168   172   203   205

MÁRTIRES

PERPETUA

CREYENTE DE CLASE ALTA

«Todo sucederá como Dios quiera en el banquillo del prisionero, ya que usted puede estar seguro de que no hemos sido abandonados, sino que todos estamos en Su poder».

Tenemos poca idea de lo que llevó a Perpetua a la fe en Cristo, o cuánto tiempo había sido cristiana, o cómo vivió su vida cristiana. Gracias a su diario y al de otro prisionero, tenemos información sobre sus últimos días, una experiencia que impresionó tanto al famoso Agustín que predicó cuatro sermones sobre su muerte.

Perpetua era una mujer noble cristiana que, a comienzos del siglo III, vivía con su esposo, su hijo y su esclava, Felicitas, en Cartago (en el Túnez moderno). En ese momento, el norte de África era el centro de una vibrante comunidad cristiana. No es sorprendente, entonces, que cuando el emperador Septimio Severo decidió paralizar el cris-

233

tianismo (creía que socavaba el patriotismo romano), centró su atención en el norte de África. Entre los primeros en ser arrestados se encontraban cinco nuevos cristianos que tomaban clases para prepararse para el bautismo, uno de los cuales era Perpetua.

Su padre vino inmediatamente a ella en la cárcel. Era un pagano, y vio una manera fácil de salvar a Perpetua. Él le suplicó que simplemente negara que ella era cristiana.

«Padre, ¿ves este jarrón aquí?», respondió ella. «¿Podría llamarse por otro nombre que no sea el que es?».

«No», respondió.

«Bueno, tampoco se me puede llamar otra cosa que lo que soy, una cristiana».

En los días siguientes, Perpetua fue trasladada a una mejor parte de la prisión y se le permitió amamantar a su hijo. Con su audiencia aproximándose, su padre la visitó nuevamente, esta vez, suplicando con más pasión: «Ten piedad de mi cabeza gris. Ten piedad de mí, tu padre, si merezco ser llamado tu padre, si te he favorecido por encima de todos tus hermanos, si te he criado para llegar a la cima de tu vida». Se arrojó delante de ella y le besó las manos. «No me abandones para ser el reproche de los hombres. Piensa en tus hermanos; piensa en tu madre y tu tía; piensa en tu hijo, que no podrá vivir una vez que te hayas ido. ¡Renuncia a tu orgullo!».

Perpetua fue conmovida, pero permaneció inquebrantable. Ella trató de consolar a su padre: «Todo sucederá como Dios quiera en el banquillo del prisionero, ya que usted puede estar seguro de que no hemos sido abandonados, sino que todos estamos en Su poder», pero él salió de la prisión abatido.

Llegó el día de la audiencia, Perpetua y sus amigos marcharon ante el gobernador, Hilarianus. Los amigos de Perpetua fueron interrogados primero, y cada uno a su vez admitió ser cristiano, y cada uno a su vez se negó a hacer un sacrificio (un acto de adoración al emperador). Entonces el gobernador se volvió para interrogar a Perpetua.

En ese momento, su padre, que llevaba al hijo de Perpetua en sus brazos, irrumpió en la habitación. Agarró a Perpetua y suplicó: «Realiza el sacrificio. ¡Ten piedad de tu bebé!».

Hilarianus, probablemente deseando evitar lo desagradable de ejecutar a una madre que todavía amamantaba a un niño, agregó: «Ten piedad de la cabeza gris de tu padre; ten piedad de tu pequeño hijo. Ofrece el sacrificio por el bienestar del emperador».

Perpetua respondió simplemente: «No lo haré».

«¿Eres cristiana entonces?», preguntó el gobernador.

«Sí, lo soy», respondió Perpetua.

Su padre volvió a interrumpir, rogándole que hiciera el sacrificio, pero Hilarianus ya había escuchado lo suficiente: ordenó a los soldados que lo golpearan hasta que guardara silencio. Luego condenó a Perpetua y sus amigos a morir en la arena.

Perpetua, sus amigos y su esclava, Felicitas (que también había sido arrestada), vestían túnicas con cinturón. Cuando entraron al estadio, bestias salvajes y gladiadores deambularon por el piso de la arena, y en las gradas, las multitudes rugieron para ver sangre. No tuvieron que esperar mucho.

Inmediatamente una novilla salvaje arremetió contra el grupo. Perpetua fue arrojada al aire y cayó boca arriba. Se sentó, se ajustó la túnica rasgada y se acercó para ayudar a Felicitas. Luego un leopardo fue liberado; no pasó mucho tiempo antes de que las túnicas de los cristianos se mancharan de sangre.

Esto fue demasiado deliberado para la multitud impaciente, que comenzó a pedir la muerte de los cristianos. Así que Perpetua, Felicitas y sus amigos se alinearon, y uno por uno, fueron asesinados a espada.

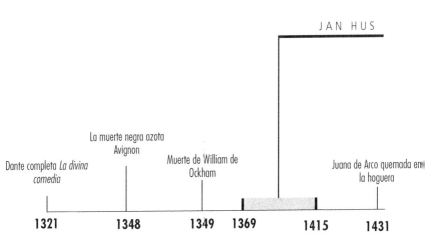

JAN HUS

La muerte negra azota Avignon

Dante completa *La divina comedia*

Muerte de William de Ockham

Juana de Arco quemada en la hoguera

1321   1348   1349   1369   1415   1431

MÁRTIRES

JAN HUS

REFORMADOR ANTES DE LA REFORMA

«*Señor Jesús, es por ti que pacientemente soporto esta cruel muerte. Te ruego que tengas piedad de mis enemigos*».

Al principio de su carrera monástica, Martín Lutero, hurgando en una biblioteca, se encontró con un volumen de sermones de Jan Hus, el bohemio que había sido condenado como hereje. «Estaba abrumado por el asombro», escribió Lutero más tarde. «No podía entender por qué habían quemado a un hombre tan grandioso, que explicaba las Escrituras con tanta solemnidad y habilidad».

Hus se convertiría en un héroe para Lutero y muchos otros reformadores, porque Hus predicó temas clave de la Reforma (como la hostilidad hacia las indulgencias) un siglo antes de que Lutero redactara sus 95 *Tesis*. Pero los reformadores también observaron la vida de Hus, en particular, su firme compromiso frente a la astuta brutalidad de la iglesia.

De la necedad a la fe

Hus nació de padres campesinos en «Ciudad Ganso», es decir, Husinec, en el sur de la actual República Checa. En sus veintes, acortó su nombre a Hus: «ganso», y a él y a sus amigos les encantaba hacer juegos de palabras con su nombre; una tradición que continuó,

especialmente con Lutero, quien le recordó a sus seguidores acerca del «ganso» que fue «cocinado» por desafiar al papa.

Para escapar de la pobreza, Hus se preparó para el sacerdocio: «Pensé en convertirme en sacerdote rápidamente para asegurar un buen sustento y vestimenta, y ser apreciado por los hombres». Obtuvo una licenciatura, maestría y finalmente un doctorado. En el camino fue ordenado (en 1401) y se convirtió en el predicador de la Capilla de Belén de Praga (que tenía 3000 feligreses), la iglesia más popular en una de las ciudades más grandes de Europa, un centro de reforma en Bohemia (por ejemplo, se predicaban sermones en checo, no en latín).

Durante estos años, Hus sufrió un cambio. Aunque pasó algún tiempo con lo que llamó una «secta tonta», finalmente descubrió la Biblia: «Cuando el Señor me dio conocimiento de las Escrituras, descargué esas tonterías de mi necia mente».

Los escritos de John Wycliffe habían despertado su interés por la Biblia, y estos mismos escritos estaban causando revuelo en Bohemia (técnicamente la parte noreste de la República Checa actual, pero un término general para el área donde prevaleció el idioma y la cultura checa). La Universidad de Praga ya estaba dividida entre checos y alemanes, y las enseñanzas de Wycliffe solo los dividieron más. Los primeros debates se basaron en puntos finos de filosofía (los checos, con Wycliffe, eran realistas; los alemanes, nominalistas). Pero los checos, con Hus, también se animaron con las ideas reformistas de Wycliffe; aunque no tenían intención de alterar las doctrinas tradicionales, querían poner más énfasis en la Biblia, expandir la autoridad de los consejos de la iglesia (y disminuir la del Papa) y promover la reforma moral del clero. Así, Hus comenzó a confiar cada vez más en la Escritura, «deseando retener, creer y afirmar lo que sea que contengan, mientras tenga aliento en mí».

Se produjo una lucha política, con los alemanes etiquetando a Wycliffe y a sus seguidores como herejes. Con el apoyo del rey de Bohemia, los checos tomaron la delantera y los alemanes se vieron obligados a huir a otras universidades.

La situación fue complicada por la política europea, que vio cómo dos papas competían para gobernar toda la cristiandad. Se convocó a un consejo de la iglesia en Pisa en 1409 para resolver el asunto. Depusieron a ambos papas y Alejandro V fue electo como el pontífice legítimo (aunque los otros papas, repudiando esta elección, continuaron gobernando sus facciones). Alejandro pronto fue «persuadido», es decir, sobornado, para ponerse del lado de las autoridades de la iglesia bohemia contra Hus, quien continuó criticándolos. A Hus se le prohibió predicar y fue excomulgado, pero solo en papel: con los bohemios locales que lo respaldaban, Hus continuó predicando y ministrando en la Capilla de Belén.

Cuando el sucesor de Alejandro V, el antipapa Juan XXIII (que no debe confundirse con el papa moderno del mismo nombre), autorizó la venta de indulgencias para recaudar fondos para su cruzada contra uno de sus rivales, Hus se escandalizó y se radicalizó aún más. El papa estaba actuando en mero interés propio, y Hus ya no podía justificar la autoridad moral del papa. Se apoyó aún más en la Biblia, que proclamó como la autoridad suprema para la iglesia. Hus argumentó además que el pueblo checo estaba siendo explotado por las indulgencias del papa, lo cual fue un ataque no tan velado contra el rey de Bohemia, quien obtenía una parte de las ganancias de las indulgencias.

Rebelde de la Escritura

En noviembre de 1414, se reunió el Concilio de Constanza, y Segismundo, emperador del Sacro Imperio Romano, instó a Hus a que viniera y explicara su doctrina. Debido a que se le prometió un salvoconducto, y debido a la importancia del concilio (que prometió reformas significativas para la iglesia), Hus acudió. Sin embargo, cuando llegó, fue arrestado de inmediato y permaneció encarcelado durante meses. En lugar de una audiencia, Hus fue finalmente llevado encadenado ante las autoridades y se le pidió simplemente que se retractara de sus puntos de vista.

Cuando vio que no se le daría un foro para explicar sus ideas, y mucho menos una audiencia imparcial, finalmente dijo: «Apelo a Jesucristo, el único Juez que es todopoderoso y completamente justo. En sus manos defiendo mi causa, no sobre la base de testigos falsos y consejos errantes, sino por la verdad y la justicia». Lo llevaron a su celda, donde muchos le rogaron que se retractara. El 6 de julio de 1415, fue llevado a la catedral, vestido con sus vestiduras sacerdotales y luego despojado de ellas una por una. Rechazó una última oportunidad de retractarse en la hoguera, donde oró: «Señor Jesús, es por ti que pacientemente soporto esta cruel muerte. Te ruego que tengas piedad de mis enemigos». Se le oyó recitar los Salmos mientras las llamas lo envolvían.

Sus verdugos recogieron sus cenizas y las arrojaron a un lago para que no quedara nada del «hereje», pero algunos checos recogieron trozos de tierra del suelo donde Hus había muerto y los llevaron de regreso a Bohemia como monumento.

Los bohemios estaban furiosos con la ejecución y repudiaron al consejo; durante los años siguientes, una coalición de husitas, taboritas radicales y otros, se negaron a someterse a la autoridad del emperador romano o a la iglesia y resistieron tres asaltos militares. Bohemia finalmente se reconcilió con el resto de la cristiandad occidental, aunque en sus propios términos (por ejemplo, fue una de las pocas regiones católicas que ofrecía la comunión con pan y vino; el resto de la cristiandad simplemente recibía el pan). Quienes repudiaron este último compromiso formaron la Unitas Fratrum [Unión de hermanos], que se convirtió en la base de los Hermanos Moravos (Moravia es una región de la República Checa), que desempeñaría un papel influyente en la conversión de los hermanos Wesley, entre otros.

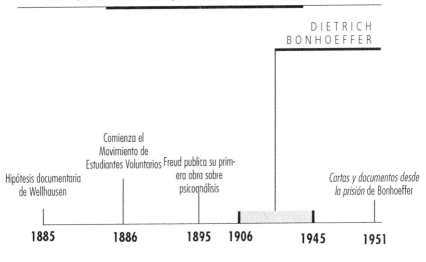

DIETRICH
BONHOEFFER

Comienza el
Movimiento de
Estudiantes Voluntarios

Freud publica su primera obra sobre
psicoanálisis

Hipótesis documentaria
de Wellhausen

Cartas y documentos desde
la prisión de Bonhoeffer

| 1885 | 1886 | 1895 | 1906 | 1945 | 1951 |

MÁRTIRES

DIETRICH BONHOEFFER

TEÓLOGO Y RESISTENTE ALEMÁN

«La gracia barata es predicar el perdón sin requerir arrepentimiento, bautismo sin disciplina eclesiástica, comunión sin confesión [...]. La gracia barata es gracia sin discipulado, gracia sin la cruz, gracia sin Jesucristo, vivo y encarnado».

«Se ha cumplido el tiempo para el pueblo alemán de Hitler. Gracias a Hitler, Cristo, Dios ayudante y redentor, se ha hecho efectivo entre nosotros [...]. Hitler es el camino del Espíritu y la voluntad de Dios para que el pueblo alemán entre en la Iglesia de Cristo». Así habló el pastor alemán Hermann Gruner. Otro pastor lo expresó de manera más sucinta: «Cristo ha venido a nosotros a través de Adolfo Hitler».

Tan abatido había sido el pueblo alemán después de la derrota de la Primera Guerra Mundial y la posterior depresión económica, que el carismático Hitler parecía ser la respuesta de la nación a la oración, al menos para la mayoría de los alemanes. Una excepción fue el teólogo Dietrich Bonhoeffer, quien estaba decidido no solo a refutar esta idea, sino también a derrocar a Hitler, incluso si eso significaba matarlo.

De pacifista a coconspirador

Bonhoeffer no fue criado en un ambiente particularmente radical. Nació en una familia aristocrática. Su madre era hija del predicador en la corte de Kaiser Wilhelm II, y su padre era un destacado neuró-

logo y profesor de psiquiatría en la Universidad de Berlín.

Los ocho niños fueron criados en un ambiente liberal, nominalmente religioso, y fueron alentados a incursionar en la literatura y las bellas artes. La habilidad de Bonhoeffer en el piano, de hecho, llevó a algunos en su familia a creer que se dirigía a una carrera en la música. Cuando a los catorce años, Dietrich anunció que tenía la intención de convertirse en ministro y teólogo, la familia no estuvo contenta.

Bonhoeffer se graduó de la Universidad de Berlín en 1927, a los 21 años, y luego pasó algunos meses en España como pastor asistente de una congregación alemana. Luego regresó a Alemania para escribir una disertación, que le otorgaría el derecho a un puesto universitario. Luego pasó un año en Estados Unidos, en el Seminario Teológico

Unión de Nueva York, antes de regresar al puesto de profesor en la Universidad de Berlín.

Durante estos años, Hitler subió al poder, llegando a ser canciller de Alemania en enero de 1933, y presidente un año y medio después. La retórica y las acciones antisemitas de Hitler se intensificaron, al igual que su oposición, que incluyó personas como el teólogo Karl Barth, el pastor Martin Niemoller y el joven Bonhoeffer. Junto con otros pastores y teólogos, organizaron la Iglesia Confesante, que anunció públicamente en su Declaración de Barmen (1934) su lealtad primero a Jesucristo: «Rechazamos la falsa enseñanza de que la iglesia puede y debe reconocer otros acontecimientos y poderes, personalidades y verdades como revelación divina junto a esta única Palabra de Dios...».

Mientras tanto, Bonhoeffer había escrito *El costo del discipulado* (1937), un llamado a una obediencia más fiel y radical a Cristo y una severa reprimenda del cristianismo cómodo: «La gracia barata es predicar el perdón sin requerir arrepentimiento, bautismo sin disciplina eclesiástica, comunión sin confesión [...]. La gracia barata es gracia sin discipulado, gracia sin la cruz, gracia sin Jesucristo, vivo y encarnado».

Durante este tiempo, Bonhoeffer le dio clases a pastores en Finkenwalde, un seminario clandestino (el gobierno le había prohibido enseñar abiertamente). Pero después de que se descubrió y cerró el seminario, la Iglesia Confesante se volvió cada vez más reacia a hablar en contra de Hitler, y la oposición moral resultó cada vez más ineficaz, por lo que Bonhoeffer comenzó a cambiar su estrategia. Hasta ese momento, había sido pacifista y había tratado de oponerse a los nazis mediante la acción religiosa y la persuasión moral.

Se inscribió en el servicio secreto alemán (para servir como doble agente; mientras viajaba a las conferencias de la iglesia en Europa, se suponía que debía recopilar información sobre los lugares que visitaba, pero, en cambio, estaba tratando de ayudar a los judíos a escapar de la opresión nazi). Bonhoeffer también se convirtió en parte de un complot para derrocar y luego asesinar a Hitler.

A medida que cambiaban sus tácticas, se fue a Estados Unidos para convertirse en profesor invitado. Pero no podía sacudirse el sentimiento de responsabilidad por su país. A los pocos meses de su llegada, le escribió al teólogo Reinhold Niebuhr: «He cometido un error al venir a Estados Unidos. Debo vivir este período difícil en nuestra historia nacional con el pueblo cristiano de Alemania. No tendré derecho a participar en la reconstrucción de la vida cristiana en Alemania después de la guerra si no comparto las pruebas de esta época con mi pueblo».

Bonhoeffer, aunque estaba al tanto de varias tramas para matar a Hitler, nunca estuvo en el centro de los planes. Finalmente, se descubrieron sus esfuerzos de resistencia (principalmente su papel en el rescate de judíos). En una tarde de abril de 1943, dos hombres llegaron en un Mercedes negro, metieron a Bonhoeffer en el automóvil y lo llevaron a la prisión de Tegel.

Reflexiones radicales

Bonhoeffer pasó dos años en prisión, manteniéndose en contacto con familiares y amigos, pastoreando a otros prisioneros y reflexionando sobre el significado de «Jesucristo para hoy». A medida que avanzaban los meses, comenzó a delinear una nueva teología, escribiendo líneas enigmáticas inspiradas por sus reflexiones sobre la naturaleza de la acción cristiana en la historia.

«Dios permite que lo expulsen del mundo a la cruz», escribió. «Él es débil e impotente en el mundo, y esa es precisamente la forma, la única forma en que está con nosotros y nos ayuda. [La Biblia] deja bastante claro que Cristo nos ayuda, no en virtud de Su omnipotencia, sino en virtud de Su debilidad y sufrimiento […]. La Biblia dirige al hombre hacia la impotencia y el sufrimiento de Dios; solo el Dios sufriente puede ayudar».

En otro pasaje, dijo: «Ser cristiano no significa ser religioso de una manera particular, creer que uno es algo (pecador, penitente o santo) sobre la base de algún método u otro, sino de ser un hombre, no un tipo de hombre, sino el hombre que Cristo crea en nosotros. No es el acto religioso lo que hace al cristiano, sino la participación en los sufrimientos de Dios en la vida secular».

Finalmente, Bonhoeffer fue transferido de Tegel a Buchenwald y luego al campo de exterminio en Flossenbürg. El 9 de abril de 1945, un mes antes de que Alemania se rindiera, fue ahorcado con otros seis resistentes.

Una década después, un médico del campo que presenció el ahorcamiento de Bonhoeffer describió la escena: «Los prisioneros [...] fueron sacados de sus celdas, y escucharon el veredicto de la corte marcial. A través de la puerta entreabierta en una habitación de las cabañas, vi al pastor Bonhoeffer, antes de quitarse el atuendo de la prisión, arrodillado en el suelo orando fervientemente a su Dios. Me conmovió profundamente la forma en que este hombre oraba, tan devoto y tan seguro de que Dios escuchaba su oración. En el lugar de ejecución, volvió a orar y luego subió los escalones hasta la horca, valiente y sereno. Su muerte se produjo en unos pocos segundos. En los casi 50 años que he trabajado como médico, nunca he visto morir a un hombre con tanta sumisión a la voluntad de Dios».

La correspondencia desde prisión de Bonhoeffer fue finalmente editada y publicada como *Letters and Papers from Prison* [Cartas y documentos desde la prisión], lo que inspiró mucha controversia y el movimiento de la «muerte de Dios» en la década de 1960 (aunque el amigo cercano y biógrafo de Bonhoeffer, Eberhard Bethge, dijo que Bonhoeffer no quiso implicar tal cosa). *El costo del discipulado*, así como *La vida juntos* (sobre la comunidad cristiana, basada en sus enseñanzas en el seminario clandestino), continúan siendo clásicos devocionales.

Referencias

[1] Raymond S. Rosales, *Casiodoro de Reina: Patriarca del protestantismo hispano*. Editorial Concordia, 2002, pág. 68.

[2] Macelino Menéndez Pelayo, *Historia de los heterodoxos españoles, vol. II, Cuarta ed.* Madrid: Biblioteca de Autores Cristianos, 1987, pág. 57.

[3] A. Gordon Kinder, *Casiodoro de Reina: Spanish Reformer of the Sixteenth Century*, 91. Diodati tradujo la Biblia al italiano en 1603, influenciando con ella el idioma italiano.

[4] Ibíd., 119.

[5] Ibíd., 80.

[6] Casiodoro de Reina, *Confesión de Fe Cristiana. Exeter Hispanic Texts, ed. A.* Gordon Kinder. University of Manchester, 1988, pág. 3.

[7] Ibíd., 12.

[8] Casiodoro de Reina, *Comentario al Evangelio de Juan. Obras de los Reformadores del Siglo XVI.* Madrid: Eduforma, 2009, pág. 147.

[9] Ibíd., 194.

[10] Ibíd., 144.

[11] Ibíd., 312.

[12] Ibíd., 22.

[13] A. Gordon Kinder, Casiodoro de Reina: Spanish Reformer of the Sixteenth Century, 82.

[14] *Carta de Reina a Diego López*, citada en Kinder, *Casiodoro de Reina: Spanish Reformer of the Sixteenth Century.*